LOCUS

LOCUS

LOCUS

LOCUS

Smile, please

Smile 120

深層溝通，與萬物對話

作　　者：林顯宗
照片提供：林顯宗
責任編輯：劉鈴慧
美術設計：何萍萍
封面設計：張士勇
校　　對：陳佩伶
法律顧問：董安丹律師、顧慕堯律師
出 版 者：大塊文化出版股份有限公司
　　　　　臺北市105022南京東路四段25號11樓
　　　　　www.locuspublishing.com
讀者服務專線：0800-006689
TEL：(02) 87123898　FAX：(02) 87123897
郵撥帳號：18955675
戶　　名：大塊文化出版股份有限公司
版權所有　翻印必究

總 經 銷：大和書報圖書股份有限公司
地　　址：新北市新莊區五股工業區五工五路2號
　　　　　TEL：(02) 89902588 (代表號)　FAX：(02) 22901658
製　　版：瑞豐實業股份有限公司
初版一刷：2015 年 7 月
初版四刷：2022 年 10 月
定　　價：新台幣 350 元
ISBN：978-986-213-614-0
Printed in Taiwan

國家圖書館出版品預行編目(CIP)資料

深層溝通，與萬物對話 ／ 林顯宗作.
-- 初版. --臺北市：大塊文化, 2015.07
面；　公分.-- (Smile；120)
ISBN 978-986-213-614-0 (平裝)

1.心靈學 2.心靈感應

175.9　　　　　　　　　104010271

深層溝通，與萬物對話

作者：林顯宗

目錄

序

洩密的壁燈

林顯宗 / 自序

　　記得十幾年前，有一次搭飛機從加勒比海到美國邁阿密的途中，與我同行的一位朋友，跟我聊起他懂得與鳥溝通，可以知道鳥所表達的話。他說：「有一次在辦公室聽到窗外樹上的一群鳥，嘰嘰喳喳叫著，我試圖去傾聽了解，才知道原來牠們在找尋一隻迷失的小鳥，這隻小鳥的父母親很擔心，牠們在開會討論如何分組去找回這隻迷失的小鳥。可是跟同事們講起這件事，但真的沒有人相信我說的話。」

　　當時我聽到也很驚訝：「你怎麼會聽得懂鳥語？怎麼跟牠溝通？」

　　「我也不曉得，從小我就有這個能力，聽得懂鳥的聲音，知道牠們在講什麼，甚至跟牠們對話，可是我跟別人說都沒人相信，那你相信嗎？」

　　我坦白說：「是有點半信半疑，但基本上我相信你，因為我認為這是可以做到的。」

　　後來陸陸續續聽到確實有些人，他們有某種特殊的能力，就是世俗所謂的「特異功能」，他們可以跟植物、動物溝通，對於這些人，我們充滿著崇拜，因為他們所能做到的，一般人是做不到的。

　　後來我在研究心靈深層溝通技術中，發現把深層溝通技術運用在跟植物、動物或物質作溝通對話，只要透過一些簡單的引導，是每一個人都可以做到的，並不需要特異功能、通靈、透過靈媒之類。當然，在此鄭重聲明：我本人沒有特異功能，也不是靈媒體質，跟我學習深層溝通技術的數萬個學員中，也沒有人有特異功能，但是運用深層溝通的理論，我們證明了透過深層溝通技術，每一個人都可以跟任何物質溝通對話。換句話說：

　　任何人，任何時間，在任何地點，都可以溝通任何東西，包括你所飼養的寵物，貓、狗、大小動物，或植物的花、草、樹木，甚至石頭、水、山河大地、日月星辰，任何物質實體，都可以溝通，只要敞開自己的心，融入這些

物質，溝通這些訊息並不難。

　　記得有一次，到一個朋友經營的法式餐廳用餐，看到其中有一盞壁燈已經熄掉了，另外一盞一閃一閃的。在用餐時朋友來跟我打招呼，我順口問他：「你們餐廳最近是不是人事上有些問題？」

　　他嚇了一跳：「我的同事告訴你了嗎？」

　　「沒啊，你的員工並不認識我。」

　　「那你怎麼知道的？」他一頭霧水。

　　「很簡單，因為你們家的壁燈告訴了我，而且沒有判斷錯的話，應該是有兩個人出了狀況。」

　　「對耶！餐廳是有兩個廚師鬧得很厲害，有一個確定要離職，另外一個還在考慮要不要離職，可是你怎麼知道我的人事上出了問題呢？難不成你現在會通靈嘍？」

　　「我們認識這麼久了，你也知道我不會通靈，因為我融入壁燈，它告訴我這個訊息。」我解釋給他聽：「這個原理並不難，這家餐廳你是老闆，你和全體員工共同創造出這個物質環境，並使用這家餐廳所有的物質環境，餐廳裡的物質有狀況，代表有人心出了問題，尤其電燈代表

光、亮，燈息了，就表示有人心暗掉了，想離開了，燈一閃一閃，代表另外有人目前的心正在猶豫不決，所以我才斷定有兩個人出了問題。」

「太不可思議了！目前人事狀況確實如此。」他直呼不可思議。

談起這個案例，就是讓各位朋友了解萬物是可以溝通的，也希望透過本書讓大家了解「深層溝通」的原理，如何做到與萬物溝通、對話？如何與萬物溝通的一些基本步驟，以及提供許多精彩的實際案例供大家參考，當看完這本書之後，自己也可以做到和萬物溝通，一點都不困難！

過去數十年間，我一直深入的研究人類心靈狀態，因此研發出一種心靈溝通的技術，稱為：「唯識深層溝通」，在這個過程裡面，不斷的透過深層溝通，來溝通人類的心靈、靈魂、無形眾生，並且讓人們在清醒狀態下，回溯到前世、預觀未來、跟往生親人溝通對話。溝通技術不斷的研究再精進，除了溝通人的所有問題，包括身上疾病或附著在人身上的外靈、冤親債主，也可以透過溝通來化解。在 2003 年，運用深層溝通原理，我又研究出另一套技術，那就是如何與萬物溝通。

　　透過深層溝通技術，我可以引導一個人，跟任何物質溝通對話，一杯水、一棵樹、一朵花、一部電腦、一輛車子，都能溝通。每個溝通的訊息遠超過人類的想像，透過物質傳達的這些訊息，是無法編造出來的，這本書的目的就是讓所有的讀者，知道深層溝通這樣的技術並不難，人人可學，每個人都可以運用。

　　只要學會了，就能夠運用在溝通萬物上，隨時可以跟花、草、樹、寵物、食物溝通，甚至跟宇宙的星球對話，都是很容易的事。如此一來，人類才能夠真正理解到何謂「眾生平等」、「同體大悲」以及「一花一世界，一葉一如來」的真正原意，同時也讓人類學習以更加謙卑的心及感恩的心，去對待世間萬物，這就是我寫這本書的目的。

第一章

萬物皆有情

物質，和你想像的不一樣

一般而言，人類看待物質環境的存在，總是認為物質就是物質，哪會有感覺？更不要說有情緒的存在，不就是物質嘛！理所當然的存在在那邊，供人類使用而已，何況物質實體都是人類製造出來的，怎麼會有想法？怎麼會有感情？其實不然，人類這些舊有的觀念，到了都必須改變的時候了。因為目前已經有大量的科學證據，證實了「物質」絕對不是你所想的那樣子，同時也證明了「萬物皆有情」這個概念是確實存在！

如鬼魅般若有似無的存在

我們可以用量子物理科學理論，把任何物質實體不斷的切割，從一分為二，一再的切割下去，到已經無法再切割為二的狀態，稱為「原子」。「原子」一詞是出自於古希

臘文，意即：無法再細分下去的存在狀態，又稱爲「原子核」，因爲已經沒有比原子核更細小的東西可以切割了。

於是科學家們想出用撞擊的方式，把無法被切割的原子核撞破來看，看看裡面是否還有更細小的粒子結構？於是有了所謂的撞擊機；目前全世界最大的超級強子撞擊機建構於歐洲，瑞士的日內瓦。

經過撞擊後的原子核，裡面發現有更加細小的次原子結構，稱爲中子、質子，再把中子、質子撞破來看，發現還有更加微細的粒子結構，稱爲：夸克粒子。夸克粒子又分爲數種不同的狀態存在，而且夸克粒子已經小到無法再小了，摸不到，也看不到，必須用數十萬倍數的電子顯微鏡才能觀測得到。

你想看，夸克粒子才出現讓你看，你不看它，它就不見了，所以夸克又名「魅粒子」，如鬼魅般若有似無的存在，如此一來，就可以想像夸克粒子是何等的微細了。然而如此微細的粒子，再撞擊之後還是有更加微細的粒子狀態存在，目前科學家們正在努力研究發現之中。如果，我們把上述的量子物理科學理論轉換成白話來說，就是：所有物質實體，剖析到最終的結果，是由一群既摸不到，又

看不到的粒子所組成的，也就是說，聚集所有的「空」而形成了「有」！物質實體的本質來自於「空」，集合了「空」形成了物質實體的「有」，眞的如般若心經所言：色不異空，空不異色，色即是空，空即是色……豈不完全吻合？

「∞」的「超弦理論」

然而科學界根據量子物理繼續探索下去，又再發現，一旦粒子一直切割下去，撞擊又再撞擊後，最終極的存在現象，反而不再是以單一粒子的方式存在，更加神奇的是，形成一種類似於琴弦的震動，而且是呈現一段段曲線狀態「～」，或是如同「∞」無窮大的符號狀態。換句話說，物質實體的最終極狀態，反而不是極微細的粒子結構，而是一種震動的波動頻率，這也是量子物理科學另外一派的理論，稱爲「超弦理論」。

因此我們可以說，這世間所有物質實體的存在，其實就是一種波動頻率存在所顯化的結果。根據量子物理科學家觀測發現的現象得知：

目前看似不動的物質實體，其實裡面的分子，粒子結

構，動得可厲害了，無論是原子，電子，中子，質子，夸克都在震動，只是震動頻率分別不同罷了，換個角度來看，若是這些分子，粒子結構都不會震動的話，那麼所有的物質實體也不存在了。

　　既然物質實體的呈現，是源自於極微細的波動頻率，問題是，這些波動頻率從何而來呢？答案就是「心念」！是人類自己每一個起心動念，每一個起心動念就是一種波動頻率的起源，尤其每一個固執的想法所產生的波動頻率，就會更加固著的顯化成物質實體。

　　怎麼說呢？比如人類想要一個杯子，於是根據想法去創造了一個杯子，於是一個物質實體的杯子產生了；或是想要蓋一棟大樓，根據想法來設計，並且雇請了工人依照設計圖來施工建構，於是一棟物質實體大樓誕生了。這就是從一個想法去落實執著，並且依照執著付諸於行動，最後顯化成為一個物質實體的呈現。於是，我們可以得出一個結論：

　　所有物質實體都是波動頻率所顯化的結果，而所有波

動頻率來自於人類自己心念的想法所產生，因此任何物質
實體都包括了心念、想法，及其波動頻率。

　　既然如此，所有的物質實體都會它的想法存在，會有
它存在的記憶，當然也會有情緒般的波動頻率現象。當然
任何物質實體都可以被人類溝通了解，或是和物質進行雙
向溝通對話，了解物質實體原本存在的想法，甚至可以運
用人類的心念想法，來改變物質實體的現象。

心念造雲

　　其實透過這些物質的理論，我們自己可以來做個活潑有趣的實驗，這個實驗活動我把它稱為「心念造雲」。

　　找一個安靜房間須有窗戶可以看到天空，只要是當時天空有些許的白雲，即可做「心念造雲」的實驗。

　　先讓自己靜心幾分鐘後，看著窗外的藍天白雲，利用有限的窗口當作畫布，然後自己用心念，去想像一個圖形，任何簡單的圖形都可以。例如：讓窗口的白雲呈現一隻動物或飛鳥或是條魚的形狀；或是成為各種幾何圖形、甚至是交通工具等等，各式各樣的簡單造型都可以。

　　只要你自己有足夠的耐心，靜心，專注於心念所要成為的圖形，都可以讓天空的白雲，呈現出自己所想要的形狀，而且屢試不爽！

我的心念造雲：眼鏡

時間：2015 年 5 月 8 日

地點：台中

天邊雲影。

來副眼鏡吧！

　　看！我可以，讀者朋友也可以，人人都可以做到，所以透過「心念造雲」的實驗活動結果來看，就是我們的心念波動，凝聚了雲朵的形狀。

　　就如前面所談的，每一個起心動念，就是一種波動頻率的起源；每一個固執的想法所產生的波動頻率，就會顯化成物質實體。天上的雲朵是由微細的水分子所組成，因此要改變雲朵的造型，只要改變自己的心念即可；依此論點追溯下去，其實我們每個人都可以有呼風喚雨的能力，相關內容本書後面的章節中，將會提到如何讓自己也能有呼風喚雨的能力。

　　綜合這些論點，我們得出一個結論：所有物質實體都是波動頻率所顯化的結果，而所有波動頻率來自於人類自己心念的想法所產生，因此任何物質實體都包括了心念想法及其波動頻率，既然如此，所有的物質實體都會有它的想法存在，會有它存在的記憶，當然也會有情緒般的波動頻率現象，所以當然任何物質實體，都可以被人類溝通了解，或是和物質進行雙向溝通對話，了解物質實體原本存在的想法，甚至可以運用人類的心念想法，來改變物質實體的現象。

盆栽心事

目前已經有非常多的科學實驗可以完全證明這樣的理論，最常見的就是用植物來做實驗：

科學家們把盆栽放置於一個安靜的房間內，於房間四周架好四台攝影機，鏡頭對準盆栽攝影記錄，並且分別將盆栽的葉子及枝幹接上電線，再連接到一台可以測量波動頻率的電子示波器，從示波器的螢幕上，可以看到盆栽目前的波動頻率狀態，然後開始進行各種實驗。

首先讓植物聽非常柔美的音樂，示波器上面所呈現的波動頻率曲線非常柔和，和原本波動頻率曲線已經有明顯的不同。當播放另一首熱門搖滾音樂時，此時示波器上面所呈現的波動頻率曲線起伏明顯放大，而且頻率加速。除了讓植物聽各種音樂實驗外，也可用人對植物說話的態度來做實驗：

可以先連續三天對盆栽說讚美它的話，示波器上面的波動頻率，呈現曲線非常柔和的極高頻率，同時那三天內，盆栽長得特別好看，有光澤，所開的花朵也特別大，特別美麗。從攝影機的前後記錄明顯比對出來，如果是持

續對著盆栽很認眞的一直咒罵它，示波器上面的波動頻率，立刻呈現非常低的頻率，曲線變成鋸齒狀，同時那三天內，盆栽都不開花，葉子呈現枯萎發黃的現象，沒有光澤；更嚴重的是，整個盆栽會因此而枯萎、甚至死掉。更驚人的實驗是拿出火把，或是鋸子，揚言要把盆栽燒掉或是鋸掉，示波器上面的波動頻率，立刻呈現落差極大的波動頻率，曲線震盪起伏特別大，通常一天之內，盆栽就都枯死了。

　　每年暑假我們中心都會舉辦兒童心靈溝通班，課程中，我會引導孩子們讓他們學習如何與物質溝通，和植物溝通，和寵物溝通，和地球溝通，和天上的星球溝通……等等的不同心靈溝通的課程內容。其中有個小朋友旻旻上完課程回去後，因爲他的爸爸喜歡栽種盆栽，家裡的院子裡種滿了好幾十盆盆栽，旻旻就很好奇的想說自己已經學會了物質溝通法，就跟那些盆栽溝通對話，並觀察它們的變化。

　　旻旻發現，只要跟這些盆栽對話，盆栽會予以回應，因此他覺得很好玩，如果他嚇盆栽的話，盆栽也會顫抖。

　　有一次旻旻嚇一棵小盆栽：「哼，看你很不順眼，我

決定等一下要把你砍掉。」講完之後就看盆栽一直顫抖，他再度認真的說：「你真的很難看，我等一下真的要把你砍掉！」盆栽一直在顫抖，旻旻覺得很好玩，不一會兒，媽媽就帶他出去吃飯、看電影。不料晚上回家後，媽媽發現這棵盆栽怎麼好好的會突然死掉了？旻旻只好跟媽媽從實招來：「是我出門前，正在和這棵盆栽做溝通，而且還故意惡作劇嚇唬它，說要砍掉它。可我並不是真的要砍掉它，只是好玩而已。只是溝通到一半就出去吃飯看電影了，沒有想到，這棵盆栽卻當真，自己先嚇死了。」

旻旻難過的在盆栽面前懺悔，一直說對不起，不應該這樣嚇它，他真的不是故意的；可是已經來不及了。後來是旻旻的媽媽回來分享給我聽，她還說：「從此之後，旻旻對每一株盆栽，對每棵植物，都非常尊重，而且不會去亂踩草皮，亂摘花，並且細心的去照顧，跟它們說好話，因為從那次的溝通經驗，旻旻真正體會到植物真的是有生命、有感覺的。」

水的結晶密碼

有關這類實驗，最為著名的就是對水溝通的實驗，這

是來自於日本，有一本書《生命的答案，水知道》（Water Knows the Answers ── the Hidden Messages in Water Crystals），作者是江本勝（Dr. Masaru Emoto）先生。

他把水放在器皿中再放進冰庫後，水結冰的過程會有結晶的狀態，透過數十萬倍顯微鏡，把水結晶拍攝下來。江本勝先生做了很多實驗觀察，只要跟水講話，把文字給水看，不論用的是哪國語言或文字；對水讚美、感恩，水所形成的結晶是非常莊嚴漂亮的；但如果對水咒罵、詛咒，水形成的結晶，便是醜陋的。下面兩張江本勝先生在日本藤原湖所做的實驗，大家便能眼見為憑：

同樣讓水聽各種不同的音樂，水呈現的結晶也都不同，這本書翻譯成七十多國語言行銷全世界，這也讓江本勝先生聞名全世界，甚至還被聯合國大會邀請去演講，發表他的實驗照片，很多人看到這些水結晶的照片都很感動，因為這是人類心靈科學一項很偉大的發現！這不是發明，而是「發現」，因為它本來就存在了，是江本勝博士發現了它！

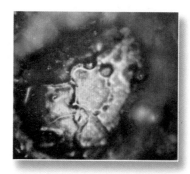

● 日本藤原湖，
祈禱前的水結晶。

● 藤原湖祈禱後
的水結晶。

聽聞佛法的水結晶

受尊敬的淨空法師，在台灣所成立的「華嚴實驗室」裡，運用和江本勝先生同樣的設備，也同樣拍攝出各式各樣的水結晶圖片，尤其把水放置在各個不同佛教法會的現場，或是讓水聽佛號，或是誦經，所呈現的結晶更是令人讚嘆不已！

華嚴實驗室

水結晶的研究，始於 1994 年日本 I.H.M. 研究所的江本勝博士，發現水可以接受與分辨來自聲音、文字、圖像、意念的訊息，意外的給佛教做了一個科學的證明，身為佛陀真理信仰的朋友們，期許華嚴實驗室，能以科學之用來證明佛陀在兩千五百多年前的智慧。

2010 年，華嚴實驗室成立，前兩年除了學習並參考日本江本勝博士的水實驗方法，也融入自己實驗室所研究的心得，隨後選用較適合本實驗室的方法與儀器，同時也擴大水實驗的範圍。在水實驗當中，華嚴實驗室發現人的意念能影響身體健康狀態，也能影響地球的生態環境，這

是個好消息也是個壞消息。

壞消息是——

現代的我們，心念因過度物欲的追求而變得自私自利，長久的競爭、衝突、對立的意念，會讓我們身體產生病變；進一步說，當人類集體長久的競爭、衝突、對立，那巨大負面的意念，會召來地球上頻繁的天災及人禍。

好消息則是——

當我們改變自己心意，回歸到愛、感恩、互助、關懷、和諧，不再自私自利，我們的身體就能恢復正常，周圍的物質環境也能恢復清淨、美好。

水實驗的結論竟是如此的簡單而且奇妙的！感恩淨空老法師給予這個因緣，讓我們親身體驗到人心念力量的不可思議，地球的和諧，的確要從我們每一個人自心做起。

水結晶的過程是這樣的：

1、樣本水

實驗室以蒸餾水作為看、聽、感受實驗的樣本水，實驗過程都需放置在安靜密閉的空間，使水樣本免於干擾。因此是置於環境室中的隔音箱內。

2、定量滴水

每滴水以定量滴管設定爲 0.5cc，放入培養皿。

3、培養皿

0.5cc 水分別滴在培養皿中，接著放置在 -25℃冷凍冰箱內至少 4 個小時，等待形成圓形冰滴後才可以觀察水所呈現出的結晶形狀。

4、觀察結晶體

將培養皿中已經結晶的冰滴，放到 -5℃的冷凍櫃內顯微鏡上，觀看冰滴頂端中央凸起的結晶體。

經由華嚴實驗室多年來的研究結果證明，無論是給水看影片、圖片、標誌、文字或給水聽一般聲音、佛號、祈禱詞、有聲書或音樂，水皆可根據所給的意念，而做出不同的反應。

水結晶成長過程

給水看中文「對不起」後所呈現的結晶過程：

← **1**

2 →

　　當水接收到善的訊息，則呈現出完整美好的結晶，水
接收到不善的訊息，結晶就會呈現醜陋、散亂、斷裂、不
完整的結構。

　　這種因果感應的現象，是非常迅速而且明確的，真是
令人嘆為觀止。水乃礦物，尚能感知人的善惡意念，而呈
現美醜不同的水結晶，何況是身為萬物之靈的人類？華嚴
實驗室的結果，再次證明水具有「見聞覺知」的特性。

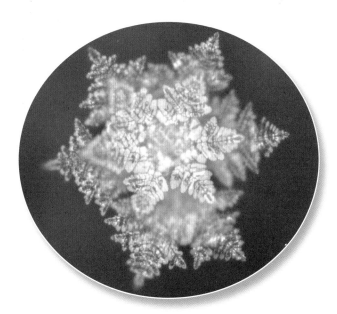

聽聞淨空法師唸佛聲的水結晶。

聽聞誦「太上感應篇」的水結晶。

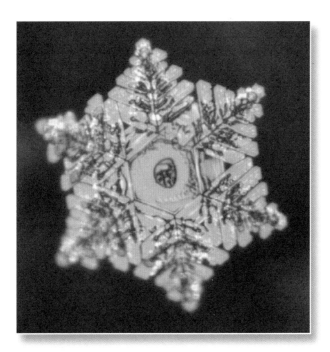

聽聞誦「無量壽經」的水結晶。

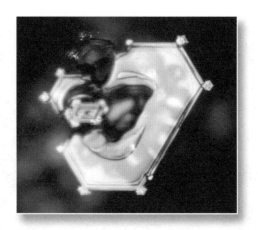

給水看英文「I hate you」我恨你，呈現出來的結晶。

給水看中文「請原諒我」，所呈現出來的結晶。

　　由華嚴實驗室的實驗結果證明，無論是何人、何時、何地，對於水所發出的心念爲何，其結果是大同小異的！這又再次證明「水是可以溝通的」，水是有感情、有覺知的，對於有人宣稱江本勝先生的研究是偽科學之說，自然是不攻自破了。

　　有段時間，我常去江本勝先生位於日本東京的實驗室參觀，有次我們做了一個實驗，他要我對著瓶子的水發一個心念想法，但不必說出來，同時也不要告訴他關於我的念頭想法。江本勝先生將那瓶水當著我的面前，拿到實驗室的冰箱內去結冰，之後再用電子顯微鏡拍攝出水結晶的照片讓我觀看，結果出現一個類似嘴巴張大的結晶狀態，中間還吐出舌頭的樣子。江本勝先生問我：「你剛才給水的心念想法是什麼？」我說：「喚醒！」當時我們都會心笑了，江本勝先生說：「你的『喚醒』必須透過嘴巴去溝通，去表達，所以這個水結晶呈現嘴巴張大的結晶狀態，中間還吐出舌頭，眞的很不可思議。」這意味了什麼？我們只要發出去一個心念的想法，萬物都會根據我們的想法而隨之改變啊！

　　2008 年，我邀請江本勝博士來台灣及赴馬來西亞、

新加坡等，主辦了六場亞洲地區的大型巡迴講座，讓成千上萬的人看到水結晶的科學實驗結果。2010 年 3 月，江本勝先生也邀請我參加他在日本琵琶湖主辦爲期三天的世界水和平大會，有來自於數十個國家的心靈科學研究界極有代表性的專家學者都受邀到場，有國際著名的心靈作家 Lynne McTaggart，她著有《念力的秘密》、《療癒場》、《念力的秘密 2》等，及來自於蘇聯的波動科學家 Konstantin Korotkov、挪威公主等數十位專家學者，包括我在內，各自在這三天對著來自於世界各地的三百多位來賓及學者專家們，發表個人的研究論述，我才赫然發現受邀請的心靈科學研究領域專家學者中，我居然是唯一的華人。足可見中國人在心靈領域中，還是一直把「心靈研究」放在宗教範疇之中，無法跳脫出宗教的框框，甚至落入怪力亂神的認知裡，無法以科學根據來做研究。

心靈研究是門科學，
而不是宗教

　　西方科學在「心靈研究」層次上，已經比我們領先了許多，這實在是令人感到無奈。我希望，心靈研究是一門科學，而不是宗教！這也是我一直以來所努力的方向，因此在書中我會有許多的科學理論論述，加上許多的實際案例分享給大家。

　　2013 年於香港，我也和江本勝博士共同主講了第十七屆國際波動導師的課程，並在 2014 年於台中，由我主辦第十八屆國際波動導師三天的課程，再度邀請他來台灣共同主講。也因為這些機緣，讓我對於心靈波動科學，與萬物溝通，有了更加深入的研究。然而就在寫這本書的同時，江本勝先生於 2014 年 10 月 17 日，凌晨零時五十分與世長辭了，我也特地到日本東京，參加他的告別式，並在告別式上為他致悼詞，悼念他的往生。

我對水的感恩與懺悔

以前每次我和江本勝博士共同演講或是上課時，都會一起帶領全體學員，共同來為當地的水，做感恩與懺悔的動作。並且將未做感恩懺悔之前的水先行取樣，及做完感恩懺悔之後的水再取樣，並將取樣的兩種水做出水結晶照片，立刻可以看到，做感恩懺悔之前及之後的水結晶非常明顯的改變。我們曾經一起在日本琵琶湖，在台灣的日月潭，在馬來西亞吉隆坡的公園，在香港的海邊，在淨觀中心台灣總部的水池邊，做過對水的感恩懺悔的活動，在此提供我們一起在台灣南投日月潭，所做的感恩懺悔之後的水結晶照片分享給大家看：

懺悔對水的污染與不敬後，隨之感恩水滋養一切眾生，心誠，

懺悔對水的污染與不敬後，隨之感恩水滋養一切眾生，心誠，
水也動容欣然接受！

　　每次對水的感恩懺悔活動內容，都是由江本勝博士用他所寫的感恩短文，用日文對水誦念三遍，而我則是用我所寫的用中文同樣對水誦念三遍，然後我們再一起對水唱歌，結束整個對水的感恩懺悔的活動。

　　水是非常單純的物質結構，H_2O，兩種原子結構所組成的物質實體，而從江本勝先生的實驗中發現，如此簡單的物質實體居然也有它的想法、記憶內容、情緒表達，既然連水我們都可以溝通了，試問我們還有什麼是無法溝通的？

我對水的懺悔——

懺悔對水的污染與不敬、懺悔對水的濫用與破壞、

懺悔對水的蹧蹋與浪費！

我對水的感恩——

感恩水滋養一切眾生、感恩水淨化天地萬物、感恩

水成就所有生命。

我願護持所有的水使其不受污染、我願珍惜所有的

水使其不被浪費、我願愛護所有的水，使其清淨無

瑕、願我的心如淨水：清淨、光明、自在、無礙！

第二章

與萬物溝通

放棄二元對立思維

　　我們先來定義「溝通」這兩個字，溝通就是我表達我自己的意思，同時我也要完全了解對方所表達的意思。一般人在溝通當中，急於表達自己而忽略了對方所要表達的，往往因此而造成很多的誤解、衝突、對立，因此要做好溝通第一要件，是先聽對方在說什麼，而不是搶著先說自己要表達什麼；是先「聽好」話，不是先「搶說」話，必須有這順序的概念。

人類彼此溝通是最困難的

　　而我在研究心靈深層溝通的過程裡，確實發現人類彼此溝通是最困難的，反而溝通一棵樹、一朵花、一杯水比跟人類溝通來得簡單多了。因為人類自己充滿了主觀、分析、判別、評估，不是用同理心去了解別人的話，很容易

因主觀、沒有同理心、斷章取義，曲解、扭曲對方的意圖而誤解對方，人類的各種習性，導致在溝通上面產生很多的問題，大到可以引發一場戰爭，或者家庭失和、婚姻破裂，都是溝通出了問題。

用深層溝通的模式與靈溝通，我會要求專業溝通師，必須達到無我的狀態，就是沒有自己的想法、主觀，不評估、不建議、不訓斥，能夠達到無我的狀態去溝通個案時，就可以完全同理對方內心的感受，藉由專業技術可以引導一個人好好面對自己的心靈、靈魂，當個案可以面對自己的內在，尋找問題時，很多事自然迎刃而解。

真正解決個案問題的人，不是溝通師，而是個案自己；專業的深層溝通師只是一個傾聽者、引導者。這項技術擴大來看，既然可以引導一個人跟自己的心靈對話，甚至跟靈魂對話，如果身上附著一些外靈、無形眾生、累世的冤親債主，這些精神體的存在，也是一種存在，有情緒、有想法。很多宗教會有不同的儀式來處理這樣的問題，這確實可以做到，但撇開這些宗教，事實上我們都可以跟這些無形眾生對話的。深層溝通有很多技術，其中一個技術「與亡靈對話」，就是跟這些無形眾生溝通對話，

化解它們的執著，讓彼此之間的恩怨能得到一種解脫，這
就是「與靈溝通」了。

比如，個案本身身體上的疾病、疼痛，怎麼看醫生都
找不出原因，這意味著可以藉由溝通來處理看看，透過心
靈的狀態來了解為什麼會產生這些疾病，並好好的跟疾病
對話，藉由了解並化解後，很多的病事實上是可以不藥而
癒的。（有關於如何與疾病溝通的概念及案例說明，可以
參考我的上一本書《深層溝通與靈魂對話》，大塊文化出
版，裡面有詳細的說明。）

唯識學中提到「萬法唯識」，「一切由心造」，意指萬
事萬物，都是「心識」所創造的現象，也因著這個原理我
才研究出「唯識深層溝通」，且運用這個技術，讓大家都
有機會可以跟萬物溝通。這樣的理論，不過是以「萬法唯
識」為基本，代表萬物是因想法而產生。

比如一支筆為什麼會存在？是來自於我們的想法，而
凝聚原子核形成物質現象；筆的存在，不過是因為我們有
需要的想法而存在而已。同樣的，房子為什麼會存在？也
是因為我們有遮風避雨的居住需求。包括城市、國家、地
球、宇宙，都是想法創造出來，代表它們與我們的想法，

是有聯結的。

融入被溝通的對象，同理對方

要和身邊的任何物質實體，包括動物、植物、礦物，即使是微生物，互相溝通有一個至關重要的觀念，必須先建立好，那就是：溝通者必須先「無我」！唯有先讓自己成為「無我」的狀態，不要有任何主觀的想法存在，完全融入被溝通的對象，成為對方，同理對方，傾聽對方的任何訊息內容。放棄二元對立的思維，自己和對方全像式的存在，如此才能真正地和萬物溝通。

人類充滿了主觀、分析、判斷、評估的習性，反而障礙了無法和萬物溝通的真正原因，尤其人類的傲慢心態，自以為是，目空一切，過於追求唯物主義，自認是萬物之靈，凌駕於萬物之上的態度，才讓我們無法與萬物溝通。而我自己教授深層溝通技術這數十年來，引導了成千上萬的學員，學會了謙卑、柔軟、虛懷若谷的態度和精神，我和學員彼此間更加明白了眾生平等，同體大悲！

蕃茄說：要這樣吃才對

　　有個學員力美上完我的課之後，那天下午我們需要與物質溝通來演練，剛好我們中心吧檯上擺了一盤水果，那是一盤小蕃茄，剖了一半的小蕃茄上，都放著一片芒果青。於是這個學員想就溝通這一盤水果好了。當她運用深層溝通技術，融入那盤蕃茄以後，她就問：「你們好不好啊？」

　　「不好！」

　　「爲什麼不好？」

　　「因爲等一下就要被你們吃掉！」

　　力美想，這應該是自己的想像吧？於是又繼續問下去：「那怎麼辦呢？」

　　「沒關係啦，你們還是要吃掉我的，不過呢，我要教妳怎麼吃我才是正確的吃法！」

　　「不會吧？蕃茄居然要教我怎麼吃它？那不是代表我

過去吃的方法都錯了？」力美心裡想。

　　這個小蕃茄說：「過去你們一貫的吃法，都是把我連同上面的芒果青一大口的吃了下去，這樣是不對的，這次吃我時，要先把我上面的那片芒果青，先咬一咬吃下去之後，再把蕃茄先含在舌下，不要咬，至少含在舌下一分鐘以上，會有意想不到的效果，妳可以試試看這麼吃。」

　　真的是這樣嗎？力美心想，從來沒有聽過別人教這種吃法，也不曾有這樣的概念過，這絕對不是自己可以想像出來的，於是半信半疑下，按照蕃茄的指示，使用這個方法來吃蕃茄，事後力美分享時說：「天哪！太不可思議了，當把蕃茄含在舌下一分鐘的過程，所釋放出來的甜度跟香味，遠超過我的想像，我一輩子都不曾吃過這麼香，這麼甜的蕃茄，也不曾用這樣的方法來吃過蕃茄，也沒有聽過別人這麼講過，所以這肯定不是我的想像能夠編出來的，而真的是蕃茄告訴我的一個訊息。」

　　很明顯可以看得出來，這些溝通的內容並不是力美本身編造或想像出來的訊息內容，而真的是由這個蕃茄所傳達出來的訊息，力美試著遵照它的指示，體驗的結果，很不可思議！

茶葉教的茶道

學員阿山很喜歡泡茶，他研究茶藝已經十幾年了，有次要泡茶的時候，他想說就跟這些茶葉來做個溝通對話，於是他一樣運用深層溝通的技術，融入準備要泡的茶葉。這時候茶葉就說：「老兄啊！你過去泡我的方法都錯了！」

阿山很不服氣，想說我研究茶道十幾年了，可以說是一位專家了，居然茶葉跟我講我是錯的？於是就虛心的請教茶葉：「我該怎麼做才對呢？」

「首先，每一次都把水壺裝滿水燒開，這是不對的，水壺的水要裝八分滿就好，留兩分的空間，當水燒滾的時候，利用那兩分的空間，讓水可以在裡面運轉，運轉的水是會形成氣場的，那個氣場對茶葉很好。通常你都是在水燒開時就把茶葉丟進去，這樣也不對，你必須讓水滾開五分鐘，但不要放茶葉，關掉火之後再等五分鐘，然後再把

茶葉放進來，這樣才不會破壞茶葉裡的一些維生素 C 成
分，泡完之後，如果茶壺的茶水是直接懸空沖下去，沖到
杯子裡面的時候，茶水的氣場跟就著杯口沖下來的氣場，
是不一樣的感覺。當杯子裡面裝滿這杯茶的時候，你用左
手端起來喝時，那個茶的氣場，可以從頭頂貫穿到尾椎，
如果用右手端起來喝時，茶的氣場，可以從頭頂貫穿到腳
底。如果用雙手端著杯子一起喝的話，那麼茶的氣場，可
以貫穿到前面的心臟，貫穿你全部身體每個部位。」

　　阿山研究茶道十幾年了，從來不曾有茶友這麼談論
過，不曾這麼泡過茶，而且左手喝，右手喝，雙手喝都有
不同的效果，這是阿山不曾有過的經驗，於是那天阿山照
著茶葉的教法泡茶，試了之後，真的各種不同的泡法，不
同的喝法，都有不同的氣場流動現象。那是他前所未有的
感覺。

　　茶道，很多世人研究，看似很懂門道，但居然連如何
泡茶葉？怎麼喝氣場最能通透人體？我們都自以為懂，這
個案例真叫人汗顏，其實我們真的都太自以為是了。

第三章

與動物溝通

來自太平洋的海豚嘟嘟

　　記得有一次，帶我的小女兒去花蓮的海洋公園遊玩，她非常喜歡海豚的表演；在看完海豚表演之後，旁邊有個水池，有很多海豚在那邊游來游去，讓遊客們可以親近海豚、和海豚一起拍照，小女兒很興奮的湊過去跟海豚合照，並撫摸海豚。

當她在摸海豚的時候，她就問我：「爸爸你能不能用深層溝通，讓我跟這隻海豚做溝通呢？」

「可以呀！妳閉上眼睛，並且讓自己完全的融入那隻海豚。妳想問牠什麼呢？」

「想問牠叫什麼名字？」

問完後，我讓她感覺海豚的回答。

小女兒充滿疑惑：「海豚說牠的名字叫做『嘟嘟』。爸爸，這會不會是我自己想像出來的？」

「妳先不要管，妳繼續問吧！」

於是小女兒繼續追問海豚：「你從哪裡來的呢？」

「是從太平洋被抓過來的。」

又問牠：「那在這邊生活過得好不好？」

「還不錯啦！服務人員很照顧，而且很喜歡表演完以後，人類給的掌聲！可是──」這隻海豚說：「有一點點的傷心，因為離開家人。」

小女兒著急不捨：「那怎麼辦呢？」

「沒關係，我們家人之間還是可以用心電感應的方式互相溝通的，彼此都知道過得很好；所以也沒那麼難過，只是和家人分開不能常見面而已。」

　　溝通完之後，小女兒就問我：「爸爸，這會不會是我自己想像的，牠真的叫嘟嘟嗎？真的是從太平洋抓過來的嗎？真的是這樣嗎？」

　　「這樣好了，我們來問一下服務人員。」

　　我就近找了一位服務人員過來：「請問一下，你們這隻海豚叫什麼名字？」

　　「牠的名字叫『嘟嘟』。」

　　「牠們是從哪裡來的？」

　　「太平洋，牠們都是從太平洋那邊抓過來的，怕牠們不適應，所以我們都很細心照顧牠們，牠們在這裡應該過得很好！」

　　小女兒聽到這些之後，抓著我的手驚呼：「天哪！真不可思議，原來剛剛溝通的內容，不是海豚亂編的，也不是我自己幻想出來的。」

　　人類可能聽不懂動物之間的語言，但其實用心靈溝通的方式，一樣可以了解到牠們想表達什麼？事實上甚至都可以跟牠們閒話家常的。從這次海豚所傳達出來的訊息內容，完全得到了證實，確實是如此！人類跟動物是完全可以溝通的，只是，我們從來沒有去好好了解牠們而已。

蟑螂螞蟻，我不想殺生，請快搬家

　　我們公司辦公室跟倉庫是連在一起的，倉庫裡面存放著很多紙製品，因此蟑螂、螞蟻到處都是，而且後來已經多到實在是不像話了，連公司的電話線、電腦線，都被蟑螂螞蟻咬，公司職員就提議決定要用殺蟲劑來噴灑倉庫跟辦公室，把這些蟑螂螞蟻消滅掉。

　　「要用殺蟲劑沒關係，但是我們必須公告三天，好讓牠們有搬家的時間，三天後才噴藥。」我很堅持。

　　於是請員工在每個辦公室及倉庫的牆壁上，都貼著一張公告，紙條上面寫著：「敬告所有的螞蟻蟑螂們，我們決定禮拜六中午要噴灑殺蟲劑，請你們在這三天內趕快搬家，如果沒有搬家的話，我們就會噴灑殺蟲劑，到時候就請歡喜受報了。」我也親自到每個辦公空間，對著這些蟑螂螞蟻喊話，提醒牠們三天快到了，禮拜六中午一定要噴

灑殺蟲劑。整個內容再重新用語言表達幾次，到了禮拜六中午，蟑螂螞蟻很明顯減少很多，當然我們也就準時噴灑殺蟲劑了。隔了幾天後，隔壁辦公室的小姐問我們：「好奇怪，我們辦公室最近跑來了好多蟑螂螞蟻，不曉得從哪裡來的？」

我們都在偷笑，因為不敢告訴她們，原來是從我們這邊搬家過去的。這也證明，即便是蟑螂螞蟻，還是聽得懂我們的語言及想法，當然為了環境整潔的問題，有時候我們不得不噴灑這些殺蟲劑，但是我認為，要噴灑前，請一定要通知牠們，給牠們時間可以搬家，如果不搬的話，就是我所講的「歡喜受報」嘍！

螞蟻說，等一下就要下大雨了

記得有一位學員，在上課中也分享：

我是開服飾店的，有一次看五歲左右的小女兒，蹲在牆角走廊外面一直在喃喃自語，因為自己在忙，看女兒一直蹲在那好久，就問：「妹妹啊，妳在幹嘛？」

「我在跟螞蟻聊天！」

當下想說：哈！跟螞蟻聊天？怎麼可能？當下又沒空

管她，就讓她自己去玩。一段時間之後，看女兒怎麼都不再講話了，靜靜的看著那些螞蟻，這位媽媽奇怪了：「怎麼不再聊了呢？」

「唉！那隻螞蟻跟我講，牠的媽媽跟牠說不能再光顧著聊天，我們必須趕快搬家，因為等一下就要下大雨了；所以我現在就不能跟牠聊天了。」這學員想說怎麼可能，這種好天氣哪會下雨？沒有想到那天傍晚，真的下起大雨。

後來她上完課才知道，原來她女兒當時溝通螞蟻並不是假的，而真的是可以去了解那些螞蟻的想法，上完這個溝通課程，她才知道跟萬物溝通是真的可以做到。

眾生們，請各吃各的

其實在佛教裡面有一種儀軌，每一位出家師父早上起床要下床踩上地板的前一刻，他們都會有一個簡單的說明宣告：「我即將要下床走出去了，請所有的螞蟻昆蟲眾生們，請你們自己迴避，如果沒有迴避被踩死，那就是歡喜受報了。」

有一次，我和尊敬的淨空法師在一起喝茶聊天，聊起有關動物溝通這方面的事情，淨空師父也說在他們澳洲布里斯班的學院，有一塊田地，種植了許多有機蔬菜和水果，因為是有機耕種，所以不能噴灑農藥，但也招來非常多的菜蟲，到處啃咬菜園裡的蔬菜和水果，導致許多蔬菜水果都無法食用，這讓師父們很煩惱，若要噴灑農藥，就失去有機耕種的意義，同時犯了佛教的殺生戒，放任不管的話，又是浪費耕種的食物，不知如何是好？

當時為了解決這個問題，淨空法師也是對菜園的動物昆蟲們做了一場溝通協調。先把菜園某個角落用紅繩圈圍起來，然後對著菜園喊話說：「所有菜園的動物昆蟲眾生們，師父對你們說，從今以後，用紅繩圈圍起來的區域，都是供養你們的蔬菜和水果，要吃的話，都集中來這個區域吃，其他的範圍是供養人類吃的，請你們不要過來吃。」就這樣宣告三次之後，所有的問題都解決了。

淨空法師的分享確實非常神奇，隔天他發現，用紅繩圈圍起來的區域，到處都是菜蟲，而供養給人類的菜園範圍，一隻蟲也沒有，也因此解決了他們頭痛的問題！老法師不斷的說：「眾生平等啊、眾生平等啊！」

（左起）江本勝、淨空法師、林顯宗合影極樂寺前。

這才是眞的網內互打，通通不用錢

　　在我年輕時，曾經有一段因緣接觸了台灣原住民，在原住民部落中，有一段生活體驗，讓我印象非常的深刻，是和萬物溝通有關，也是那段因緣的示現，給予了我開啓和萬物溝通的觀念，在此特別分享給各位讀者。

鳥叫蟲鳴的神算

　　當年我才二十幾歲，承包了當時在台灣南部，屏東瑪家鄉的山地「九族文化園區」新建工程，爲了承包這個工程，當然我必須深入台灣九個原住民族群的部落裡，去了解他們的文化精神，了解他們的建築工法。記得有一次，我到屏東的三地門，要進去深山裡的霧台部落，當時安排了一對夫妻負責當我的嚮導，引領我進入更深的山區，並負責介紹當地的原住民文化讓我了解，協助我的考察。其

實這對夫妻本身的因緣就很特別，他們是當時的排灣族和
魯凱族，因不同族而第一對結婚的夫妻，本來這兩個族是
世仇，水火不容，一旦被發現兩個不同族的人彼此談戀愛
或是發生關係的話，那麼二話不說，兩人一定要被砍頭，
可是這對夫妻爲什麼可以結婚呢？

屏東縣瑪家鄉三地門「陳俄安石板屋別墅」。

排灣族傳統石板及木雕藝術創作家陳俄安，在「陳俄安
博物館」入口的大型雕塑作品。

蔣中正的一次視察，讓排灣族的陳俄安，和他魯凱族的妻子陳阿修，得以化世仇成一家親。

2015年，高齡95歲的陳俄安，神采奕奕、耳聰目明，騎車、開車，上山下海趴趴走，一點都難不倒體力超好的他。

　　當年負責擔任我嚮導的這位先生，在當地其實非常有名，他的名字叫陳俄安，在台灣日治時代，他曾經在台灣總督府高雄州擔任兩年警官，台灣光復後繼續擔任屏東縣警察三十五年，並曾經接受過日本政府頒贈給他旭日勳章，表揚他對中日文化藝術交流的貢獻。

　　陳俄安從十二歲開始，從事排灣族傳統的石板及木雕雕刻藝術創作，本身是排灣族人，他退休後設立「台灣原住民陳俄安博物館」，而當年我才二十八歲，他已經是六十歲以上的前輩了，正因為他對於原住民文化的深入了解，所以他才負責引導我前往他們的部落考察。

　　他的太太叫陳阿修，是屏東魯凱族人，當時兩族是世仇，怎麼可能結婚呢？當年他們談戀愛時，原本不敢讓自己的家人知道，當時的蔣介石總統，有一次去當地視察，陳俄安告訴總統：「我愛上了一個女孩，是不同族的，不能結婚。」

　　蔣介石問清楚了原因後說：「沒關係！我替你們兩人證婚好了。」在那個威權時代，蔣總統證婚，兩族的頭目誰都不敢說什麼，所以這對夫妻就是這樣的因緣，成為兩族群首對的夫妻，並且也成功巧妙的化解了當時的排灣族

和魯凱族長期以來的恩怨。

當年的我，住進他們在山地門一棟用石板屋蓋成的別墅，當年的總統蔣介石和蔣經國，分別都住過那棟石板屋別墅。有一天早上，一大早陳俄安開車載我進入一座很深很深的深山，進入比霧台更遠的部落叫做「阿里」。開車要好幾個小時，之後還要跋山涉水也要好幾個小時，那天晚上我們很晚才回來，半路上突然遇到有人在炸山，還好我們算是非常幸運，剛好通過不到一分鐘後就開始炸山，如果晚了一分鐘，可能會有被落石砸傷的危險，甚至會被管制在山裡面不能出來。

隔天早上陳阿修女士為我準備早餐的時候，問我：「你們昨天出門，是不是有驚無險的回來？」

「對啊！妳先生跟妳講了嗎？」

「沒有，昨天你們回來時我睡著了，現在我先生也還在睡覺。」原來她並不曉得我們昨晚發生什麼事。

「那妳怎麼會知道我們是有驚無險的回來？」

「昨天早上你們出門的時候，我聽到外面鳥叫跟蟲鳴的聲音，我就知道你們出門會有危險，但是不用擔心；你們一定會逢凶化吉的回來，所以我就安心在家裡等你們回

來嘍。」

「什麼？可以從聽到鳥叫蟲鳴的聲音，知道我們會有危險？」太不可思議了。

「對我們這一族的人而言，年紀比較大的人，都有這種能力，每天早上要出門的時候，會聽聽外面鳥叫蟲鳴的聲音，有代表今天出門打獵會豐收而回；有代表今天出門打獵會空手而回；有代表會受傷，有血光之災、有危險的聲音；還有一種就是代表像你們出門雖然有危險，但是可以平安的回來。」

當時她告訴我這些之後，教導我如何去判別這些鳥叫蟲鳴聲音的不同，如何用心去傾聽萬物的聲音，可是當時愚鈍的我，怎麼聽都是一樣的，根本無法判別這些鳥叫蟲鳴聲音的不同之處！當時我跟她在石板別墅的院子聊天時，我的腳被蚊蟲咬了許多腫包又癢又痛。我忍不住問：「有沒有白花油或者是綠油精之類的東西可擦？」

「不用那麼麻煩啦！」陳俄安太太輕鬆的指著我說：「你去地上撿兩個小石頭。」

我撿回兩個小石頭，她要我就用這兩個小石頭互相摩擦，摩擦後在石頭上會有白色的粉末。

「來，把石頭上白色的粉末，抹在你被蚊蟲咬的地方。」

其實當下，我是有被「驚嚇」到；不過說也奇怪，抹完那些白色粉末之後，不到五分鐘真的是立刻消腫止癢。

請風傳到對面的山頭

而當時陳俄安太太也告訴我一個更不可思議的概念，因為那個年代沒有手機，而且山區內電話也不是那麼的普及，尤其在深山裡，沒有任何的通訊設備，族人怎麼聯絡彼此呢？當時他們得懂得借用「風」來傳遞訊息；哇！這可是我當時聽到最不可思議的事情了。

「我們有親戚是住在對面的那座山頭裡，如果從這邊走到對面的深山，光是來回，可能要花一整天的時間。譬如說，今天晚上是我先生的生日，要辦一個家庭聚餐，如果要通知對山的親戚，肯定來回要超過一天以上，太慢了，怎麼辦呢？好在我們有一些運用大自然的能力，我會告訴風，請風傳到對面的山頭告訴親戚，通知今晚上七點我們這邊有個聚餐，請你們盛裝打扮過來參加，讓我們請客。然後親戚收到風的訊息之後，就會晚上準時七點盛裝

打扮來參加我們的請客了。」

天哪！當時這些內容對我而言，簡直是不可思議的天方夜譚，原來這些老一輩的原住民，早就懂得運用大自然的風來傳達訊息，他們才真正是「網內互打通通免費」的始祖。這代表什麼？萬事萬物都是可以溝通的！

當時的經歷，就像《曠野的聲音》這本書裡面的醫生作者一樣，與她在澳洲原住民部落的生活經驗有點類似。承包屏東瑪家鄉「九族文化園區」的工程，坦白說並沒有賺到什麼錢，但是我卻從原住民身上學習到與大自然和諧共處的觀念，更重要的是，如何與大自然溝通，對於後來在研究深層溝通技術的過程中，給予了我很大的啟示。

為了寫這本書，我再度重回到三十幾年前，到了屏東縣瑪家鄉三地門，去拍攝當年我住過的那棟石板屋別墅的照片，但是沒想到一問之下，才知道當年的陳俄安本人還健在，當我見到他時，九十五歲高齡的他，居然還記得我，記得三十幾年前我們一起共事的往事，我們彼此非常激動！因為實在太久沒有見面了，而且他身體健康狀況非常的好，九十五歲了，還可以騎摩托車、開車，不用戴老花眼鏡，不用拿枴杖，彼此暢談之下，很遺憾的才知道，

他的妻子陳阿修女士於五年前往生了，享年八十五歲，也就是當年教導我，如何用心去傾聽萬物聲音的陳阿修女士，這次來卻是已經無緣見到她了。

飼主與寵物的
上窮碧落下黃泉

　　有關和動物溝通的實際案例，不勝枚舉，最常見的就是和寵物溝通，和自己所養的小狗小貓進行溝通，當然也有和鳥、魚、兔子、烏龜、蛇等爬蟲類的各種寵物溝通。聽說目前已經有從國外學習寵物溝通的技術，回來台灣開課教授人們如何和自己所養的寵物溝通，這是個好現象，開啓新觀念。事實上我的深層溝通課程內，早就有物質溝通的單元，且已經教授長達十五年以上了，本書中許多案例來源，大部分都是來自於學員們，學習完如何運用深層溝通和萬物溝通後，自己實際操作的案例分享。

　　我之前所研發出來的心靈波動儀，一樣可以爲許多動物進行檢測，提供給許多飼主，了解自己的寵物所要表達的訊息內容，化解他們之間的誤解，其中許多透過深層溝通的技術引導，個案自己回溯看到了和寵物之間前世的因

緣，往往都會令他們非常感動，更加珍惜今生彼此的再生緣。

當自己所養鍾愛的寵物過世了，飼主的思念不捨，傷心難過，往往無法放下，甚至造成嚴重失落；我們也是透過深層溝通技術，引導個案和動物的亡靈來進行一場溝通對話，好好表達彼此的愛，並了解過去和現在所有的因緣，彼此祝福，讓飼主真正的解脫放下，這也是寵物溝通的另一種功能。

真正的寵物溝通，不僅是了解寵物本身的生活問題，或是身體疾病健康狀況，更是了解自己和寵物前世今生所有存在過的因緣，並化解前世過往可能有過的承諾，或是解除前世的約定及報償，這是非常重要關鍵的問題，若是透過深層溝通化解之後，未來這些淪為動物的靈魂，可以得到真正的解脫，彼此之間不必為此因緣再來輪迴，而無法解脫。

兩個毛小孩的前世今生

在深圳有個女學員，分享她與毛小孩寵物的溝通：

我養了兩隻寵物寶貝相差十五天，老大是隻雪橇犬，

是我先生堅決要養的，老二是隻貴賓犬，是我堅持要的，因爲我不想在我們兩個去上班的時候寶貝獨自在家裡太孤單；兩隻寶貝都是公的。

老大早老二一個多月到家裡，簡直是集萬千寵愛於一身，所以當老二被接回家的第一天，直接就被老大一巴掌打下台階，所幸沒有打傷。老二剛開始像個局外人，總是小心翼翼地遠遠看著我們三個玩耍。有一天，當我們三個又玩得很開心時，老二獨自跑去陽台，坐在台階上看著樓下，一副落寞的樣子。

當時我的心特別痛，就跑過去把牠抱在懷裡，告訴牠也是家裡的一分子，也是我的寶貝。牠兩隻亮晶晶的眼睛看著我，好像有很多話要說。可是我當時眞的看不懂。從那天起，老二開始很黏我，我到哪裡，牠就跟到哪裡，如果我不在家，牠就會躲在洗臉台下面的角落裡也不和哥哥玩，更不會跟我先生，除了我和寵物店的姐姐可以抱，其他人牠一概不讓抱的，包括我先生。

日子一天天過去，兩個寶貝相處得越來越融洽，兩個寶貝也會分得特別清楚，老大知道爸爸偏心牠多一些，媽媽偏愛弟弟多一些。在我看來，老大憨厚些，老二刁蠻

些，醋勁特別大，根本不允許我去和老大親熱。老大則處處都讓著弟弟，除了吃飯的時候，每次吃飯老大總是要搶著把弟弟飯盆裡的先吃完，才會去吃牠自己的。所以我每次只能把牠們兩個隔離開才能順利地把飯吃完。

老二只要我在家，一定是要人餵的，而且老二很奇怪，我吃什麼牠就吃什麼，有段時間我吃素，吃五穀雜糧，牠都吵著要吃，朋友們看著都覺得奇怪：「從來沒見過狗狗愛吃青菜豆腐的。」另外還有一個現象，就是那些食物必須是我嚼過以後餵牠，牠才會吃，哪怕是栗子番薯之類的，老二好像很不喜歡吃硬的東西，有時候不小心吃到骨頭，都會吐出來。

老大也有一個怪現象，就是特別怕水。社區裡有很大的一個魚池，每次經過那裡，老大就撅著屁股往後縮，堅決不走。這也讓我很奇怪，因為狗狗們其實好像都會頂喜歡玩水的。其實我也一直相信兩個寶貝出現在我的生命裡一定是有因緣的，但具體是什麼，我並不清楚。

和老大的因緣，在一次全像式溝通時，同學們都說我這次來地球的目的是和牠有個約定，但我當時真的覺得不可思議，因為我真心覺得老大和先生的因緣更深一些才

是，如果說有約定，也應該是和老二才對啊。那次溝通結束後，我自己再次被溝通回溯，結果真的就看到我和老大的前世，那世牠是我的兒子，當時是四、五歲的樣子，我們都是日本人，在一艘郵輪上；但那艘郵輪失事了。當回溯時是有幾個零星的畫面。所以我馬上就明白老大為何如此怕水，這就是細胞的記憶。

　　我一直很想回溯看看我和老二的因緣，可總是無法回溯，直到在台灣上完第一期學分班，我做了三次嬰靈的個案，其中有一個是我和先生拿掉的一個孩子。我當時並不知道那孩子去了哪裡，只記得我在做手術時有和他約定：希望有緣能再做他的媽媽。

　　從台灣回到家，在拿鑰匙開門的時候，我聽到老二在門裡的叫聲和以往不同，等我進家門，牠也和往常不一樣，以往牠都是要狂叫著跳來跳去，直到我抱起牠為止。可是那天牠沒有跳來跳去，而是一下子就跑去坐在沙發上，一雙清澈的眼睛看著我，我蹲在牠面前，瞬間淚如雨下，在那一刻我知道了我和牠的因緣，牠就是我曾拿掉的那個孩子！我摟著牠嚎啕大哭了近十分鐘，牠就靜靜地在我懷裡一動也不動。我明白為什麼老二以前不黏爸爸，因

爲當初是我先生堅持不要那個孩子的。

　　等我哭完，先生正好回家，我讓他猜猜老二是誰，結果先生一下子就說出我們後來給孩子取的名字。我當時很吃驚，問他是什麼時候有這個感覺的？他說的時間正好是我做個案溝通的那天。接下來發生的事情，就讓我更加覺得神奇，老二開始黏爸爸了，會經常主動跑去爸爸身邊，讓爸爸幫牠按摩，也會讓爸爸抱牠了，甚至是開始吃哥哥的醋。以前只是媽媽不能碰哥哥，現在是爸爸也不能去碰哥哥，完全就是獨霸爸爸媽媽的樣子。

　　今年五月，淨觀的溝通師來深圳，說是寵物也可以做波動儀檢測，我就把牠們兩個的項圈，帶去讓溝通師做波動檢測，測試報告出來後讓我真的很震驚──

　　老大的波動檢測報告上有：怕水、害怕毀滅（恐懼）；尋找親人（因果業力）；喜好同性（親因緣種）；不管別人死活（背叛種子）──完全符合老大的特性。

　　老二的波動檢測報告上有：不喜歡吃硬的食物（無明種）；被虐待致死和血崩（前世死法）；還願（靈魂使命）、尋找某人（親因緣種）──這也非常吻合。波動檢測報告中，顯示出老二的前世身分有一個是「船長」，聯繫到那

一世我和老大坐郵輪失事，我不知道這是不是有關聯？因為沒有做具體的溝通回溯經歷，只能是猜測聯想，但是其他的報告結果都已經非常吻合而不可思議了！

小資女的紅貴賓

　　小黑是隻兩歲的紅貴賓狗，平時總趁主人安安不在家亂咬沙發、書報、拖鞋，凡是能夠找到的都會被咬爛。安安一直無法理解為何她的小黑會有這樣的行為，所以只能用打罵的方式管教，但不見效果，所以帶著小黑來做波動儀的檢測，想透過波動儀了解小黑心裡到底想幹嘛。

　　波動儀檢測結果：小黑的身心靈狀態，肉體的部分心、肝、胰臟、脾臟、細胞、DNA 的部分能量都很低，出現的都是深藍色的星星和久遠的符號，那表示問題不易解決，目前處於能量低落的狀態，當然心情也不好，很憂鬱，波動儀顯示出牠的心靈報告很特別，心靈報告第一項是：想自殺（業種），第二項是：叔叔（人際關係），第三項是（害怕失落、害怕擁有）。

　　想不到一隻吃好住好的狗，居然內心是想自殺的，當

安安看到自己的寵物心靈報告的時候，突然理解為什麼小黑總是會去翻箱倒櫃吞東吞西，因為牠想自殺，為何想自殺呢？原因來自於第一個主人是男性，小黑小的時候時常打牠，後來又送給了現在的安安，導致牠很害怕再度被送走，所以當安安不在家的時候，牠就會焦躁不安害怕分離，所以就開始破壞家裡的東西。而在安安無法理解情況下，重複了上個飼主的行為「打和罵」，甚至每次都威脅小黑：「你再這樣我要把你送走！」更加深了小黑的恐懼，狗狗就從破壞的行為轉變為更激烈的自殺行為。

　安安想起自己的行為，居然跟寵物一樣，小的時候因為爸爸很兇不理解她，常常打罵她，久而久之也形成了叛逆的行為，並且認為父母是不喜歡她，不要她的，她在家裡是多餘的，之後離家出走、有自殺的行為，只為了對父母的不理解表達抗議。這時安安突然才發現小黑其實是自己內在投射的一面鏡子，是來療癒自己小時候以及跟父母的關係，藉由她跟小黑的相處模式，理解了父母的立場及想法，也因為自己跟父母的過去相處模式中，理解到小黑的想法以及感受。

　於是，安安做了一個決定，那就是『回家』，回家跟

父母親化解，回家跟家人懺悔和表達愛，重新好好的享受家的溫暖。當天安安決定回家後，小黑的破壞和自殺的行為也就沒再出現了，小黑變得很沉穩安靜了，從此以後也解決了這些問題。

謝謝以「家人」身分葬我

　　深層溝通技術一樣可以引導飼主去預觀未來，看看寵物的未來是什麼狀況，當然還包括對於已經過世往生的寵物，可以和這些動物的亡靈進行溝通對話，對於個案和寵物都有非常大的幫助，這樣全方位的溝通方式，才是真正的寵物溝通。

　　有一個男學員小葉，本身很喜歡養狗，在五年前認養了一隻「比熊」品種的小狗，名字叫「球球」，非常可愛！球球原本的主人是名貴婦，因為牠常常吵鬧不休，貴婦因此常虐待牠，後來乾脆不要牠，把牠送給寵物店讓別人去領養。

　　小葉因緣際會下認養了球球，也非常疼愛這隻小狗，因為他自己還是個單身漢，工作是電影製作公司的導演，他和球球常朝夕相處，過了五年多的時間。可是因工作關

係，小葉必須常常出差到外地拍片，如果出差時間很長，球球只能交代好友照顧；出差時間若很短，通常就會把球球放在家裡，準備好食物和水，就讓球球獨自待在家裡。

　　那次，小葉趕著出差到外地去拍片，匆匆忙忙把球球關在有浴缸的浴室裡，就在他外出工作的時候，球球去咬了一份小葉看完，隨手放在馬桶水箱上的報紙，球球咬著報紙拖到浴缸內玩耍，玩呀玩得口渴了，球球想要喝水，就去扳動浴缸的水龍頭把手，當水龍頭的水不斷的流出來，球球卻不會把水龍頭關掉，而那好幾張報紙卻堵塞住浴缸的出水口，就這樣，球球活活淹死在放滿水的浴缸裡。

　　當小葉出差回來，看到自己心愛的球球，整個身體浮在浴缸的水面上早已氣絕身亡，而水龍頭的水仍繼續在流個不停，非常震驚難過，也非常的自責！幾乎快無法原諒自己的疏忽，導致球球的往生。小葉很慎重的為球球辦了後事並且火化，骨灰還特別安置在他們家族買的納骨塔位內供奉著；還為球球供燈一個月，並且每天為牠誦經，迴向給牠。儘管如此慎重費心的為球球辦了這麼莊嚴的後事，小葉依舊無法抵消掉自己的自責與內疚。

於是小葉尋求我們專業的溝通師，透過深層溝通的技術，引導他和小狗球球的亡靈做了一場溝通對話：

一開始溝通上時，小葉一直向球球懺悔自己的疏忽，懺悔自己太過於忙碌無法很好的照顧到牠，請求球球能夠原諒他的疏失。球球的亡靈回應了小葉：「其實死亡有部分真的是意外、但有部分也是自己選擇離開世間的方式。」球球說牠實在是太孤單了，沒有玩伴、不能出去溜達，而小葉的工作又那麼忙，所以才選擇用這樣的事故來離開人世間。

球球非常感謝小葉對於牠的照顧和疼愛，因為上一個主人常常會打牠、虐待牠，甚至棄養牠，讓牠很不好過，自從被小葉領養後，生命從此有了很大的改變，被飼養得健康、漂亮，同時真正感受到人類的愛，這都是從小葉身上得到的，因此牠非常的感恩小葉對牠的愛。

球球也了解小葉對於牠的往生非常的自責難過，甚至是用「家人」的地位，來辦理牠的後事，牠已經是非常感動了。也請求小葉不必再為了牠的離去而自責難過，就放下牠吧，彼此感恩這段相處的因緣就好，而不是帶著牠的意外死亡，未來繼續自責的過日子。最後在相互的祝福

中，小葉和球球彼此放下，並在光中送走了球球；從此之後，小葉才真正的放下對球球的罣礙。

小葉分享給我這些內容時，我問他：「這個事件讓你自己體悟到什麼？」

「除了領悟到生命的可貴之外，如果自己的工作時間實在太忙，而且居住空間又太小，諸多條件都不適合養寵物的話，自己實在不應該養寵物。如此一來，對於寵物也是一種傷害，未來自己會很慎重的考慮，居家環境到底該不該再養寵物了，這樣才是對於生命真正的尊重。」

愛一直都在

這是學員瞿慧和她極疼愛的小狗，U 寶的死別溝通：

在 U 寶走後就一直想寫，我特別感恩深層溝通技術幫我走出失親的至傷至痛。我之前養過兩隻小狗，牠們都不到一個月就往生了，其中第二隻，讓我很長一段時間都沒平復過來。而 U 寶的突然離開，我很快就恢復了，因為深層溝通讓我這兩年多來成長得很快，理解了生命的意義。

事情發生的那天，是 2014 年 12 月 7 號——

這天對佛教徒來說，是阿彌陀佛的誕辰，對我來說，還有另一個特別的意義，這一天，我心愛的 U 寶，在我沒有任何絲毫準備的情況下，在我們分開不到 1 個半小時的時間，牠一下子就從我的生命中消失了，讓我措手不及、不敢相信。

　　當我接到先生的電話，說是 U 寶救不過來時，我真的不能接受！怎麼可能？牠前一天在家是睡了一天，沒有吃任何東西，可是早上起來又有力氣跳到床上和我玩，我在廚房切肉的時候，牠還跑過來聞了一會兒，一副想吃的樣子。怎麼說沒就沒了？牠在醫院到底發生了什麼事？一想到 U 寶真的離開了，我的眼淚開始狂流。

　　趕到獸醫院，我衝進急診室，看到 U 寶安靜地躺在那裡，除了舌頭發紫，樣子就像是平時睡著一樣。我摸著牠的身體，還是熱的，牠的手腳還是軟軟的。我親吻著牠的額頭，輕輕咬著牠的臉頰，牠平時最喜歡我這樣咬牠的臉，咬完一邊，牠都會把臉轉過來讓我咬另一邊，一副愣愣地很享受……我是多麼希望 U 寶突然醒過來！

　　我趴在 U 寶身上嚎啕大哭，自責懊惱罪惡感通通湧上心頭，我怎麼那麼粗心？千里之外朋友的情緒我都能感覺到，加以關心；而身邊的 U 寶突然走了，我居然一點都察覺不到？我都做了些什麼呀？我感覺心碎裂成了千萬片、肝腸寸斷！

　　不知過了多久，突然聽到一個聲音：「媽媽，不要難過，我還在，並沒有離開，只是換了一種存在形式而已

呀！媽媽不要哭啦，我真的還在。」那個聲音很清晰，我一下子止住了痛哭，U寶的肉體不在了，可是牠的靈魂還在，不是嗎？我們的愛一直都在！我擦乾眼淚，再次親吻了U寶的臉，走出去安排牠的後事，我們決定單獨給牠火化。先生本來不想去，我說：「就讓U寶再坐一次我們家的車吧，當初我們一起把牠接回家，現在我們一起再送牠走。」

U寶被放在後座，我坐在牠旁邊，我摸著牠的腳，腳開始變涼了，我看著牠安詳的樣子，忍不住又眼淚狂流，我真的不能接受牠就這麼走了，好遺憾在和牠分開時，沒有抱一抱牠、摸一摸牠，分別的那一刻，我如果做了這個動作，內心的痛苦就會減輕一些。我痛苦地問U寶：「你這樣突然離開，到底要告訴媽媽什麼？」

我從手提袋裡拿出亡靈溝通卡，我抽出一張「罣礙卡」，讀著上面的字句：「其實，我只想讓你們知道，我現在過得很好，沒有任何的病痛、痛苦、恐懼，我都在光裡，我的世界很安詳……我現在唯一的罣礙，就是你們為我罣礙，請讓我放下這份罣礙吧！」

我看著這些字句，慢慢止住了眼淚，摸著U寶的身

體，透過車窗射進來的陽光，讓 U 寶身上的毛顯得特別地柔順和晶亮。我對 U 寶說：「寶貝，媽媽知道了，媽媽會放下對你的罣礙。」我平靜下來後，望著窗外，我相信 U 寶並沒有離開我；可是當我目光回到 U 寶身上，我又開始流淚，依然不能接受。

對著 U 寶我說：「寶寶，你說的道理我都懂，可是我就是無法接受你現在就離開，你還不到五歲啊！」於是我接著抽亡靈溝通卡，抽出來的是「光之卡」——「歡迎回家」。內容是：「雖然我離開了人間，但我想告訴你我已經回家了，回到真正的家，人世間這個世俗的家，只是短暫寄居，永恆的家就在這裡。所以我想告訴你，我真的回家了，走過這一切之後，才知道家代表什麼。」

就在那一刻，我有點憤怒：「我知道我們最終都要回那個家，我當然知道啊，可是我不明白你為什麼現在就走？」我又繼續抽亡靈溝通卡，抽到的是「思念卡」——「永恆」：當我死的時候，你以為失去了愛，失去了這一切，其實我想告訴你，你並沒有失去，你沒有失去我的愛，我也沒有失去你的愛。我們的愛是永恆的，從來沒有間斷過，從前世今生到來世，我們之間的愛一直存在；我

們只是透過不同的肉體來表達彼此的愛而已。透過不同的角色，來體驗不同的愛；今生我們選擇這樣的角色，只是為了體驗愛，無論如何，我們之間做過什麼、發生了什麼事，這一切都是為了愛，我們的愛是永恆的，你並沒有失去這一切，失去我們之間的愛，它一直都在、一直都在！」我淚流滿面地連續讀了三遍，終於接受了 U 寶的離開。

到了殯儀館，因為 U 寶的樣子很安詳，所以遺容不需要整理，只是給牠蓋上了一塊白毛巾，在被推進焚化爐前，我最後一次親吻著 U 寶的臉，眼淚再度奔流不止，但心情卻是很平靜，我知道將被焚化的只是 U 寶的肉體，U 寶的靈魂，還是和我在一起的。

在等 U 寶的肉體被焚化的一個半小時，我知道這是牠的選擇，牠的使命已經完成了，所以我要尊重牠。我猶豫的是，要不要在微博的朋友圈發布這個消息，讓所有愛 U 寶的叔叔阿姨哥哥姐姐知道 U 寶的離開，U 寶有很多的粉絲。我考慮了一下，決定還是發，這也是讓我自己再一次面對和接受 U 寶離開的這個事實。

在寫信息的時候，我依舊心痛、再一次掉淚，我又抽

了一張亡靈溝通卡，這次抽到的是「因緣卡」——「轉世」：我會無所不在，你不必執著已經往生的我，我真的無所不在，會隨時和你見面的，期待下一次的見面吧！流著淚，但很平靜地寫完了關於 U 寶離開的信息，平靜地按下了發送鍵。

　　帶著 U 寶的骨灰回到家，全然不在意人家講什麼吉利不吉利，U 寶的骨灰就是一個象徵而已，我們決定挑一個時間把牠的骨灰埋在社區的棕櫚樹下，但不會連骨灰罐一起埋，這樣 U 寶的骨灰會隨著雨水浸潤每一寸泥土，我知道這是 U 寶喜歡的。

　　晚上，我坐進佛堂，把 U 寶觀想過來，在光中，牠只是顯了一下這一世的樣子，接著就變成了一個渾身散發著金色光芒的英俊少年。我依舊因為沒有察覺牠要離開的徵兆而有些罣礙。比如牠在五號那天晚上一整夜沒有睡覺，比如六號那天牠睡覺時伸出一大截舌頭，而且舌頭的中間還有紫色……這些都是在牠走後我才發覺的，我整個就是後知後覺啊！特別特別遺憾和後悔的是在我們分開時，我都沒有抱一下牠！想到這些，我又流淚，忍不住問牠：「有沒有怪媽媽？」

　　在光中，U寶特別平靜地微笑著對我說：「媽媽，如果讓你先知先覺了，事情的結果就不會是這樣了！一切都是最好的安排，你會明白的，你不必遺憾和後悔，我知道你很愛我，這已經足夠。就像我和弟弟Q寶不會說人類的話，但你知道我們都那麼愛你和爸爸，你不需要拘泥於這種形式，靈魂與靈魂的愛，沒有任何的形式。媽媽，我是來破你情執的，我知道你對男女之情的執著已經差不多了，但對親情，尤其是對我和弟弟的那份執著還很嚴重，你有你的使命，不要忘記了，如果你的情執那麼重，會妨礙你完成你的使命。所以媽媽，我選擇在這個時間、用這種方式走，是最好的安排，你那麼有智慧，一定會明白的。」

　　我問U寶：「今天是彌陀誕辰，你是不是去了極樂世界？」牠開心地笑著對我說：「媽媽，你真是執著，我告訴了你，我是在一個光的世界，是不是在彌陀的極樂世界裡，重要嗎？」可是在一片光中，我卻像一個小學生，聽著一個充滿智慧的老師的教導，和U寶在光中擁抱告別，我看著牠化成一團金色的光離開，而不是隨著光離開。

　　實際的寵物溝通技術，讓我面對死亡沒有恐懼，與寵

物的光中對話和亡靈溝通卡，讓我能和 U 寶隨時對話，
這就不會讓我感到所謂的陰陽兩隔，這一點非常的重要。

　　看完寵物溝通實際案例分享，是不是覺得很微妙？我
只能說：「無緣不聚！」這些動物會前來我們身邊，當我
們的寵物，都是有其一定的因緣，就是這份因緣，讓我們
和寵物之間彼此牽掛，彼此相愛，問題就在於寵物們都是
動物，無法用人類的語言來表達，牠們只能用特定的行為
或脾氣來表達對我們的情感，所以我們如果懂得和這些寵
物們溝通，不是件非常美妙的事嗎？

寵物 DIY 溝通技術

　　讀者可以自己運用練習，練習和自己所養的寵物來雙向溝通，但是在此必須先做說明，因為自己要融入寵物比較不容易，通常會有自己的主觀意識造成溝通障礙，因此建議先由專業溝通師，引導做幾次深層溝通後，熟悉融入溝通寵物的感覺後，再自我溝通寵物通常就會容易很多。但是如果你自己有把握，並且相信自己內心的聲音，摒除和寵物二元對立的觀點，不用自己的頭腦思考判斷的話，就請依照以下的寵物溝通步驟，來進行寵物溝通。

步驟說明

　　先把要問寵物的問題內容，一項項列出來，一次不要太多，約 5-6 項問題即可。

- 自己先行靜坐約十分鐘左右，讓自己深呼吸幾次，

並放空自己。

● 觀想光給自己，讓自己發光發亮，想像自己全身都是光，都是亮。

● 觀想要溝通的寵物就在自己的面前，同時也是發光發亮，彼此共同都在光中。

● 讓自己完完全全融入寵物，並且成為牠，自己就是牠，感受對方所有的感覺。

● 將原本所列的問題內容，逐項開口問寵物，並請牠回答。

注意：每一題問題內容，必須開口說出聲音來，並重複說 3-5 次，重複問完後，自己內心會湧現出想法，請直覺的表達出來，得到回應後，再問下一題，並重複整個過程，直到所有問題問完為止。

● 每次重複問完問題後，把內心的想法直覺表達出來，不要懷疑或判斷過濾這些內容，表達出來的內容就是寵物本身所要表達的內容了。

注意：動物本身不會說人類的語言，所以我們不能等
牠講話回應，牠會透過心念傳遞給你，因此你
的內心會接收到牠的訊息內容，而無論是什麼
內容，都請先不要懷疑或過濾判斷，直接替牠
們表達出來就是了。

● 逐項問題溝通回答完成之後，觀想光給寵物，並告
訴自己：「回到當下！」說完三次之後，讓自己處
在當下，並深呼吸三次，確定自己已經回到當下，
即可結束。

簡單的溝通步驟，人人可用

以上的溝通步驟，就是最簡單的自我寵物溝通技術，
人人可用，多練習幾遍，效果就會越來越明顯，如果還是
無法做到，則建議找我們培訓出來的專業深層溝通師，一
對一，親自引導和寵物溝通，則會非常容易且相當深入，
溝通內容包括自己和寵物之間前世的因緣、了解寵物目前
的身體狀況、疾病原因、清除寵物的心靈種子、化解和寵
物之間的恩怨、預觀寵物的未來、傾聽寵物內心的聲音、

和往生的寵物亡靈溝通對話等等。這些深入的溝通內容，
必須由專業溝通師引導溝通才能做到。

第四章

與植物溝通

最忠實的傾聽者：樹木

　　有位溝通師帶了幾位學員要回他的家去住，剛好經過一棵很大的榕樹，那棵榕樹頗有年紀，當地就以老榕樹作為地名叫「樹王」。

樹王位於台中大里市樹王里，又叫「涼傘樹王公」。

　　樹王其實目前已經不只是一棵樹而已，而是茄苳樹、榕樹、朴樹、大枹樹、烏榕樹、梗桃樹，整個依附於一起形成一株巨大的老樹，外形像涼傘，算是台中地區最為古老的老樹之一了，也形成當地的一個小小的景點。

　　當他們經過那棵樹時，學員們就起鬨：「你們溝通師不是說可以引導我們跟樹溝通嗎？那不妨我們跟這棵大樹溝通一下好了？」溝通師當下就立刻答應，現場引導學員們融入那棵大樹。

　　大家就開始問：「大樹，你好不好啊？」

　　「我很好、很好，我很開心。」

　　「你的年齡多大了？在這邊多久了？」

　　「我在這邊，七百多年有嘍。」

　　學員們更好奇了：「哇，七百多年了？這七百多年來有沒有發生什麼特別的事情，讓你感覺是最震撼的？」

　　「有啊，第一件事就是十幾年那場九二一大地震，震得我裡面結構都受傷了，到現在還沒有完全復原呢；第二件就是你們現在居然可以跟我講話！七百多年來從來沒有過這樣的事發生，每個人走過我旁邊都視而不見，無視於我的存在，沒有想到你們竟然懂得跟我聊天溝通，這真的

是讓我太震撼了。」

　　當時大樹很開心，學員們也很開心，要結束時，大樹還要求學員：「能不能以後經過這裡，再來聊一聊？七百多年了，終於有人懂得跟我聊天了。」

　　各位讀者朋友，看看我們身邊的路樹也好、公園裡的樹木或山上的大樹，在那邊站了幾十年、幾百年，甚至上千年，人類經過它們，卻從來沒有人好好的去了解它們，甚至跟它們做最簡單的溝通都沒有，所以說我們人類有多了解樹木，其實是騙人的。

樹的療癒力

　　如果你身上有一些疾病或者疼痛，我會建議你去找一棵樹，讓自己傷痛的部位，或疾病的部位，去靠近你所選的樹，並且明確告訴樹你哪裡病痛了，為什麼病痛？直接對樹說出來三遍以上，然後靜靜的抱著樹十五分鐘以上，那棵樹通常會透過它的能量傳遞，讓疼痛或不舒服的部位得到某種舒緩，甚至是療癒的可能。有部電影《阿凡達》所訴說的重點之一，不就是在表達樹不但是可以溝通，還可以療癒的。

　　建議各位讀者朋友，有機會的話，脫掉鞋子，赤腳去踩踩草地，把你身上的一些負能量，透過這樣的接觸草地來釋放掉，對你一定會有很大的幫助。當我們在做「樹的療癒」過程中，發現樹跟樹之間確實是可以溝通往來的，可以把訊息傳達給一棵樹，這棵樹也會再把訊息傳達給另外一棵樹，再講白一點，有的樹長得很高、很大、很直，它們幾乎是可以當作天線來作用，可以透過這棵高大的樹來跟宇宙的星球溝通，透過它們來接通許多宇宙傳來的訊息，它們就是一個最佳的天線。

　　很多宇宙的訊息就是透過樹來傳遞給地球的，所以不要小看這些植物的功能，它們不只是提供氧氣，或提供水土保持而已，這些花草樹木的功能遠超過人類的想像，它們可以彼此溝通，可以傳遞訊息，可以當天線，可以接到從宇宙傳來很珍貴的資訊，可以為你療癒，可以傾聽你的心聲，可以當你的溝通師，這些樹還能傳播愛，傳播和平給地球及人類。

吃飽之後，請自動離開

我現在的住家有一個花園，我常常會在花園裡面修剪花草樹木，因為我個人對竹子很喜歡，園裡有一個小區域種了一片小竹林。

有一次我在整理那片竹林時，發現葉子上面有一點一點白色的狀態，於是我就請教一位懂得竹子品種的朋友，他看完說：「這很嚴重，這些白色的小點就是蟲害，這蟲害如果不處理，蔓延出去這片竹林就會因為這樣而枯死掉。很簡單，去買農藥來噴灑，這樣才會有救，而且你看這些竹子，已經開始有蔓延的現象了，必須趕快處理才好。」

於是隔天我就拿了農藥，照他所說的比例調配，可是說真的，農藥的味道非常的嗆鼻難聞，連我都覺得很噁心，當我調完那些農藥，準備要噴灑時，我再次望一下那

片竹林，跟我的竹子做溝通對話：「這農藥很難聞，你們真的要我噴灑嗎？」

「不要，我們也不喜歡，你千萬不要噴灑農藥在我們身上。」

「可是怎麼辦，你們已經有蟲害了，如果不噴灑農藥的話，過幾天整個會蔓延出去，你們都會無一倖存啊！」

「沒關係啦，我們就跟這些小蟲溝通一下，請牠們適可而止，我們可以承受一點被牠們咬的傷害，沒關係的。」

於是我換跟那些害蟲溝通：「我們的竹子說同意你們可以咬幾口，我們不希望噴灑農藥來殺害你們，竹子不喜歡農藥，我相信你們也不會喜歡，那麼就請尊重我們，我們也尊重你們，當你們吃飽了之後，請你們自己自動離開，我就不再噴灑農藥。」

溝通完後隔三天，我再去看那片竹林，所有的蟲害都不見了，那些白色點點都不見了，而那片竹林也長得很好沒有多受傷害。我再次證明，用溝通的方式沒有噴灑農藥，讓這些害蟲自己適可而止，安分的離開，完全沒有影響或傷害到整片竹林。

我家的小竹林。

吃葷吃素，重點在心存感恩

　　我在演講或上課的過程裡，常常會有人問我一個問題：「吃素好不好？」

　　我通常會回答：「不要以為執著於吃素才是修行，或者說，執著於吃素才可以成佛成道，這些觀念都有問題，不能用這樣的執著來定義吃素的要求。吃素本身的行為是絕對值得鼓勵的，不論是對於身體的健康，培養一個人的慈悲觀，及對於地球環保減碳，是有正面幫助的。但是，如果用吃素來執著這樣才可以成佛或者是成道，那恐怕失去了吃素本身的用意。」

　　我常常說，如果用這種觀念來吃素的話，那只是吃進了一堆執著和罣礙；並且否定了植物本身也是有生命的概念。我這麼問好了：吃動作比較俐落動物的肉，跟吃動作隨風款擺搖曳的植物，都是有生命的，有何差別呢？吃

素，絕對是值得鼓勵的行為，可是不能有執著和分別心，應該這麼說吧：不管是吃植物也好，吃動物也好，只要心存感恩，我相信吃任何東西都不會有罣礙了！

解碼大自然反撲

好幾年前有一部電影叫《破·天·慌》（The Happening），導演為奈特·沙馬蘭（M. Night Shyamalan）。這部片子很特別，所描述的內容是近幾年來世界各國很多的蜜蜂突然大量的消失了，科學家一直無解，為什麼會這樣子？影片中是從這個點開始描述的，片中有很多人莫名其妙的自殺，後來解答出現，原來是地球上所有的植物進行反撲動作。

雖然片子演得有點誇張，但是在我看來一點都不，確實，這些植物也是會反撲的，相信我們可以從很多植物現象看得出來，當植物發情的時候，會吸引一些蜜蜂蝴蝶來靠近，藉由這些蜜蜂蝴蝶幫忙傳送花粉，給其他的樹木花朵，好讓生命得以延續生存，當它們遭受到威脅跟恐懼的時候，這些樹也會進行一些反撲的動作，所以有所謂的食人樹、食人花等等。

　　這部影片中所描述的，是人類造成地球太大的破壞，已經嚴重威脅到這些樹木花草整體的生存，所以它們用頻率能量的傳送方式彼此溝通，聯合起來，集體發出一種神經毒素，透過風的傳遞，只要人類聞到這些神經毒素，就會開始自殘、自殺，這些花草樹木就是透過這些方式來毀掉人類的。

　　其實這部電影值得省思，希望能喚醒人類必須重視地球的生態環保，人類若再繼續對地球傷害，無可避免的，終將有一天，這些動植物都將進行反撲，甚至整個地球不斷的透過大自然示警：地震、颱風、水災、暴風雪、土石流、乾旱等等來進行反撲，讓人類不得不學會謙卑、認認真真的檢視自己率性破壞生態的劣行。

　　有一年，我帶著兩個孩子去台灣中部一個度假村度假，那天早上我和孩子一起去爬山，當時孩子還很小，哥哥才小學三年級，妹妹小學二年級，我們一起走在山坡的小路上，當時非常的安靜，沒有風，四下無人，小路兩旁都是花草樹木，於是我帶領孩子現場做了一個實驗，我們一起向左右兩邊的花草樹木問候，然後看看它們會不會有所反應？

　　我帶領孩子先向小路右邊的花草樹木問候：「大家早！你們都好嗎？」問候完之後，右邊的花草樹木都一起點頭搖擺了幾下。

　　我兒子很懷疑：「花草樹木會動，是因為有風在吹吧？」

　　「不對喔！你看現在沒有風在吹，四周圍都很安靜，也沒有別人在走動，如果有風吹的話，那麼小路左邊的花草樹木也都應該會一起擺動才對，怎麼會只有右邊的花草樹木在晃動呢？」

　　我又提議：「要不然，我們換向左邊的花草樹木問候看看反應如何？」問候完後，左邊的花草樹木搖擺狀似點頭，而右邊的花草樹木則是完全不動！就這樣，我們沿途邊走邊左右來回問候，玩得不亦樂乎，而且屢試不爽！

　　當時我兩個孩子非常驚訝，而且很興奮；他們終於明白花草樹木，原來都是可以一來一往的溝通對話。如此一來，我相信孩子們對於地球上所有的植物和動物，將會有不同的觀點和看法，而且他們會用更謙卑的態度，去看待一切萬物的存在了。

在我的認知中，樹是很好的溝通師。

在我的認知中，樹是很好的溝通師，每棵樹安穩的佇立，如果當你覺得最近心情不好、很鬱悶時，我也強烈的建議你，可以找一棵你覺得看起來感覺還不錯的樹，去靠近它、擁抱它，把你內心的話告訴那棵大樹，把你鬱悶的情緒宣洩給它聽。

為什麼？因為它絕對，絕對保證不會把你的心事說出去的，也絕對，絕對不會對你有任何的評估或建議，就是一個「最忠實的傾聽者」，這就是我在訓練溝通師最基本的要求，而樹基本上早就做到了：它既不會把話到處亂跟人講，不會有大小眼之分，就是靜靜的吸收接納你所說的一切，了解你、陪伴你走過低潮。

我會教學員：「當你跟樹溝通的時候，如果需要樹來回應，請仔細的觀察並傾聽，樹絕對會回應的，有時候它透過一片落葉落在你面前，來回應你剛才的問題，或者透過一陣風、一隻昆蟲，在你面前展現出來。你可以透過物質溝通去融入那陣風、那片葉子，或那隻昆蟲，會得到令你驚訝的答案內容。」

喇叭花的一傳十、十傳百

　　在台中東勢的圓通精舍，有兩位出家師父都來上過我深層溝通技術的課程，當時幾乎每個月都會邀請我去他們的精舍舉辦心靈講座。

東勢東崎路5段113巷中的圓通精舍。

　　第一次辦講座的時候，兩位師父很緊張的趕快去印宣傳單、貼海報、到處去發 DM，同時又每天打電話給他們的信徒，告知演講的日期時間，請他們一定要帶朋友來聽演講。因為他們擔心，如果我去了沒有什麼人來聽的話，對我會很不好意思，所以就很緊張，壓力也很大；結果來了一百多個人聽講，東勢地區是個小鎮，如此已經算是很不錯了，第二個月他們再主辦時，又如法炮製廣宣模式，反應很熱烈。

　　第三個月邀請我去時，那個月份精舍有大型法會，兩位師父就想，這樣不行，這樣太累了，壓力太大了，同時要忙法會，又要辦演講，實在忙不過來，正在煩惱，不知道該如何處理的時候，看到精舍圍牆種滿了牽牛花，一般稱為喇叭花。其中一位師父就突發奇想：「既然叫喇叭花，不如我們溝通這些喇叭花，請它們幫我們宣傳這次的演講好了。」於是這兩位師父就跟喇叭花說：「這次林老師的演講，你們能不能幫我們做宣傳？」

　　「沒問題！這次的演講宣傳，全部包在我們身上，師父你們就不用再做任何宣傳了，去忙法會吧，你們只要貼一張海報，告知演講的時間地點在哪裡就可以了，其他我

們來負責宣傳。」

　　這兩位師父半信半疑把廣宣交代給喇叭花，反正過去溝通過很多物質的經驗都很靈驗，所以這次的演講能來多少聽眾，就看喇叭花的功力了。

精舍中負責廣招演講聽眾的喇叭花牆。

　　那天傍晚，我到了現場，有幾位學員在幫忙做義工，協助現場的佈置，師父忍不住再度融入喇叭花問：「既然你們都已經宣傳了，那麼今晚的演講到底會有多少人過來聽講？」

「總共會有三百人來聽演講。」

師父一聽就很開心：「過去做了這麼多的宣傳，每次都來一百多個，居然這次不用任何宣傳，你們喇叭花就可以幫我們招到三百個人來聽？」於是師父興奮的請義工幫忙，趕快把空間騰大一點，多擺一些拜墊讓更多人可以進入聽講。

到了晚上講座開始，進去大廳聽演講一定要先把鞋子擺放在外面的鞋櫃，師父就交代一位學員，請他幫忙數鞋子的數量，這樣就會知道有多少個人來聽了。演講結束時，學員就跟師父報告：「總共有一百二十七雙鞋子，也就是總共來了一百二十七個人。」師父聽完覺得很不高興，便質問喇叭花：「你們不是剛跟我們講，會來三百個人嗎？怎麼只來一百二十七個人而已？」

喇叭花很無辜的說：「你們又沒有說，是有形還是無形的？」兩位師父才恍然大悟：「說得對啊，是我們忽略了有形無形眾生的問題。」

「真的有來三百個！」喇叭花說：「有形無形眾生加起來總共三百個沒有錯啊！我們沒有騙你們，你們只數有形的眾生，沒有數無形的眾生。」

　　哇，這兩位師父啼笑皆非，發現喇叭花講的眞的沒有錯！錯怪它們了，但至少這次證明沒有做任何宣傳，這些人還是來聽演講了。這代表什麼？就像我之前寫的那些原住民，可以用風來傳達訊息給他的族人一樣，植物有溝通傳遞訊息的本能，所以透過這個有趣的案例，又再次證明了，植物是可以傳達訊息的。

　　我們也曾溝通過百合花、玫瑰花、鬱金香等很多的花種，它們都是來自於不同的星球，爲什麼來到地球？都只是爲了散播它們星球對我們人類的愛跟和平，及妝點地球而來。這就是這些樹跟花草所存在的目的，不信你也可以融入它們、問它們：「來自於哪個星球？爲什麼而來？」在和植物的溝通裡，都會得到無比珍貴的令人嘆爲觀止訊息。

來自昴宿星的百合花

　　有一次在教室裡，兩組學員彼此同時在溝通百合花，分別在不同的溝通室裡面進行，所以彼此並不曉得對方的內容是什麼？

　　A 組在溝通百合花時，問百合花：「你從哪裡來？」

　　「從昴宿星來的。」

　　「為什麼要來地球呢？」

　　「為了散播愛，散播和平給地球上的人類，透過我們的芬芳和不同的顏色，來散播傳達這個意念。」

　　在另間教室的 B 組，有趣的是，他們所溝通出的內容，跟剛剛 A 組所溝通的答案完全一模一樣！這可是在不同的地方，不同的空間，所做溝通的內容，這兩組討論的結果竟然是得到同樣的訊息，這肯定不可能造假或串通可以做得到的。學員們直說太不可思議了，連一朵花，都

有它存在的意義跟目的，所以人類真的必須更謙卑，更尊重這些萬物的存在才對啊！

　　在兒童班，我們讓小朋友自己去溝通教室裡面的任何物質。有個小朋友，就直接跑去溝通放在窗台邊的一盆蘭花，他直接融入蘭花問：「你好，請問你叫什麼名字？」

　　「你好，我的名字叫做蝴蝶蘭！」

　　「為什麼你要叫蝴碟蘭？」

　　「因為我開出來的花瓣，長得很像蝴蝶的翅膀，所以叫做蝴蝶蘭。」

　　「你開出來的花朵，可以活多久？」

　　「如果人們懂得照顧我，我的花期可以維持兩三個月之久。」

　　「那我是不是要每天澆水，你就可以活更久？」

　　「千萬不要！我不能喝太多的水，會讓根部腐爛，我就會死掉了。」

　　「那麼我把你放在窗戶外的陽台上，讓你多曬太陽好了。」

　　「不行不行，我也不能直接照射陽光，因為陽光會灼傷我的葉片，反而會阻礙我的生長。」

「那我要怎麼照顧你，才能讓你更好？」

「必須讓我待在潮濕的環境裡，放在室內保持通風，不能直接曬到太陽，最好保持在攝氏 25 度到 30 度之間，花盆底下必須有孔洞，透氣性要很好，不要天天澆水，要用可以保濕性的材質來當我的床鋪，這樣我就可以活得很久，開出很美麗的花了。」

小朋友越溝通越興奮：「哇！謝謝你告訴我這麼多，回家後，我要媽媽買盆蘭花給我照顧，我一定會好好照顧的，而且還要帶來和你做朋友。」

這些內容，都是當時小朋友運用深層溝通融入蘭花，自己一問一答之下記錄下來的內容，分享出來後，現場的同學和我，沒有一個懂得蘭花的栽培，我們為了印證，專程去問了一些懂得栽種蘭花的專家們，他們所回答的內容幾乎就和蘭花所說的內容完全一樣。問題是這個小朋友本身根本完全不懂什麼是蝴蝶蘭？如何照顧栽培？卻是由蝴蝶蘭來教導這個小朋友，如何認識它，如何照顧它才對。很有意思，不是嗎？

植物 DIY 溝通技術

　　植物溝通的原理和步驟，和動物溝通的技術類似，讀者可以自己運用練習和所有的植物，花草，樹木來雙向溝通。但是在此必須先做說明，因為自己要融入植物比較不容易，通常會有自己的主觀意識造成溝通障礙，因此建議先由專業溝通師，引導你做幾次深層溝通後，熟悉融入溝通植物的感覺後，再和植物溝通，通常就會容易很多。但是如果你自己有把握，並且相信自己內心的聲音，摒除和植物二元對立的觀點，不用自己的頭腦思考判斷的話，就請依照以下的植物溝通步驟，來進行植物溝通吧！

步驟說明

　　自己先把要問植物的問題內容，一項項列出來，一次不要太多，約 5-6 項問題即可。

● 自己面對著要溝通的植物，先行靜坐約十分鐘左右，讓自己深呼吸幾次，並放空自己。

● 觀想光給自己，讓自己發光發亮，想像自己全身都是光，都是亮。

● 面對著要溝通的植物，同時也是發光發亮，彼此共同都在光中。

● 讓自己完完全全融入植物，並且成為它，感受對方所有的感覺。

● 將原本所列的問題內容，逐項開口問植物，並請它回答。

注意：每一題問題內容，必須開口說出聲音來，並重複說 3-5 次，重複問完後，自己內心會湧現出想法，請直覺的表達出來，得到回應後，再問下一題，並重複整個過程，直到所有問題問完為止。

● 每次重複問完問題後，把內心的想法、直覺表達出來，不要懷疑或判斷過濾這些內容，表達出來的內

容，就是植物本身所要表達的內容了。

注意：植物本身不會說人類的語言，所以我們不能等
　　　它講話回應，它會透過心念傳遞給你，而你的
　　　內心會接收到它的訊息內容，無論是什麼內
　　　容，都請先不要懷疑或過濾判斷，直接表達出
　　　來就是了。

● 逐項問題溝通回答完成之後，觀想光給植物，並告
　訴自己：「回到當下！」說完三次之後，讓自己處
　在當下，並深呼吸三次，確定自己已經回到當下，
　即可結束。

第五章

與物質實體溝通

事未發生吉凶先有兆

　　既然深層溝通技術可以和動物、植物做溝通，那麼和一般的物品、器具、物質實體，能不能做溝通呢？答案是肯定的。

　　我相信讀者可能會想，和動物、植物可以做溝通，那是因為它們都是生命的存在，有其想法、感知和情緒，因此是可以溝通的。可是任何物質實體，完全是沒有生命的存在現象，只是我們人類所製造出來的物質實體，如何能做溝通呢？

　　我要提醒大家，日本江本勝博士的水結晶實驗結果，不就告訴我們所有問題的答案嗎？水，是非常單純的物質結構 H_2O，兩種原子結構所組成的物質實體。從江本勝先生的實驗中發現，如此簡單的物質實體居然也有它的想法，它的記憶內容，它的情緒表達。既然連水我們都可以

溝通了，請問我們還有什麼是無法溝通的？所以要和物質溝通就和水溝通是一樣的道理。

物質現象背後的徵兆

朋友打電話來問我：「有沒有認識空調工程設備的維修人員？我家的空調最近故障了。」

「空調故障？如果我沒有猜錯，應該是你們家裡有人最近肺部或者呼吸器官出了問題。」

「對耶，我的爸爸最近就是肺病住院了，而且還滿嚴重的。可是你怎麼會這麼問？我之前又沒有跟你講我爸爸肺病的問題。」

「很簡單，你家會呼吸的機器是什麼？空調嘛！所以空調壞掉了，不就代表家裡有人呼吸器官，或是肺部出現了狀況，這是相對應的現象而已。」我這朋友聽完之後，完全心服口服。

也就是說，我們使用的這些物質，它們也會呈現某些徵兆給我們看。當然，你會說：「家裡的電燈或是家具用品，遲早都會壞掉，冷氣機也有使用期限，遲早會壞掉啊！」重點來了，為什麼是那個時候壞掉？為什麼是那個

時間點？以及為什麼會讓你看到？

愛車，也會不爽討安撫

各位讀者朋友可以自己觀察一下，例如：你最近開車時有個想法，想換一部新車，或者你想把這部車子賣掉時，你會發現當你起了這個念頭沒多久，你的車子會拋錨或者出現狀況給你看，這代表了什麼？

你的車子正在不爽，不爽你要把它換掉！那怎麼辦？還是要換掉車子啊？當然是可以換掉，只是你有沒有事先知會它，並且感恩它這段時間載著你南征北跑。你感恩它之後，跟它說清楚，必須要換車子，也祝福它！能夠早日找到一個跟你一樣愛惜它的主人，當你跟車子感恩說明之後，我相信它不會再出各種狀況。各位可以自己去覺察一下，看看過去是不是曾有這樣的經驗存在？

離職的心思燈知道

　　通常這些物質也會表達它們的想法，而且跟使用它們的人有絕對的關聯性存在！我這麼講，譬如一間辦公室裡的每張桌子，頂頭都有日光燈或者照明的設備，那麼這些電燈照明設備都是同一時間裝上去的，而且當時都是新的燈具，問題是，為什麼在那個時間點？在某個人的位置上面？他的燈壞掉了？如果燈要壞掉，理應全部都要壞掉才對，為什麼唯獨是那個地點，那個時間呢？我還是要強調，燈遲早是會壞掉，如同人的肉體也遲早會死掉，這是一樣的道理，但是燈在那個時候顯示這個訊息，在那個位置，在那個時間，一定有它的意義存在。

　　我來舉個例：以前我自己在上班的時候，辦公室裡每張辦公桌是固定的，上面都會有一盞輕鋼架的日光燈具，有一天，我就看到，有一名女職員她頂頭那盞日光燈一閃

一閃的，好像快要壞掉的感覺，我就叫主管進來：「某某小姐最近是不是有什麼狀況發生？」

「是啊，她最近想要離職，是不是有來跟你報告了？」

「還沒有，我並不曉得她要離職的事。」

「那你聽誰說的？怎麼會知道？」

「簡單，因為她頂頭的燈出現了狀況，代表她心有點問題了。」

她主管也想起那個燈一閃一閃的現象：「啊，要不然我趕快叫人去把那個燈管換掉好了。」

「不急著換，你先請那個小姐進來，我幫她做個深層溝通好了。」

溝通過後，把她心裡的一些心結清除掉，她確定不離職了，回到座位上隔不到半個小時，她頂上那盞日光燈不再閃爍，恢復正常了，因此並不需要換掉它。從這個例子來看，我們每個人所用的器具，物質實體，這些都會呈現一些現象給我們看到，就看你懂不懂得解讀它而已。

溝通房子買房子

　　曾經我們有位學員秀菊，當時決定要買棟房子，透過仲介公司介紹，看中了一棟透天厝，可是那房子所開出的價格，比她預算的金額高出很多，於是她去找一位老師占卜，卜卦老師根據卦象解釋：「妳現在沒有這個因緣買到這棟房子，而且這棟房子的屋主不缺錢，妳肯定買不到，如果妳一定要買這房子，必須等隔年的春天才能夠；以妳的預算，往東南方去找，可以找得到妳要的房子。」

　　秀菊對我說她的煩惱，我建議她：「我們當然相信卜卦所示現的卦象，但我可以透過物質溝通，讓妳先跟這棟房子溝通看看，用什麼方法可以取得它？」

　　於是我請她融入那棟房子，她看到那棟透天房子一二三四樓，一樓的房子不歡迎她，可是二三四樓卻是滿歡迎她的。

「爲什麼只有一樓不歡迎呢？可是又不能只買二三四樓啊，那是透天的房子。」我覺得很奇怪。

再次融入一樓，去了解爲什麼不歡迎她？原來一樓客廳原本的屋主供奉一尊神明在那邊，而我們這位學員秀菊跟先生去看房子的時候，有看到那尊神明，可是並沒有向那尊神明致意或是禮拜，看完房子就走人了。

溝通結果讓我們知道，原來秀菊完全沒有尊重那尊神明的存在，所以那尊神明不喜歡她來買那棟房子。於是我就引導秀菊好好的先跟那尊神明懺悔，而且也跟祂說：「如果能買到這棟房子，一定會好好的處理祂，會尊重祂的存在，禮敬祂，會好好的送到附近的公廟去奉祀。」溝通完這位神明也同意了。

問題是房子的價格落差太大，怎麼辦呢？於是又溝通那棟房子的屋主，可是秀菊不曾看過屋主是誰？因爲是透過仲介公司談的，當她溝通屋主的時候，她浮現出屋主的樣子，一名三十幾歲的年輕人，而且目前住在美國，於是秀菊要求屋主：「能不能以我開的價格，大約六百到六百五十萬的預算買到這棟房子？」

可是屋主說：「我不缺錢，妳開那個價格和我開的七

百九十萬價格相差太多了，差了將近兩百萬，我不可能出讓的。」

透過溝通，我想確定秀菊跟屋主過去有沒有任何的因緣存在？後來確定沒有，我就再次說服這位屋主：「既然你也不缺錢，這對夫妻剛創業，預算真的是不夠，她真的非常喜歡你這棟房子，我相信她買了之後更會珍惜你原來這棟房子，會好好的裝潢它，善待它，維護它，那何不大家結個善緣，讓他們用預算的價格可以買到？」

屋主剛開始還是不肯同意，秀菊再次誠心誠意的表達她真的很喜歡這棟房子，希望屋主能夠割愛，大家結個善緣，成就他們夫妻剛創業的辛苦，不斷動之以情說服之後，溝通到後來屋主也同意出讓了，就照這位學員所開的價格六百五十萬，雖然差了約一百四十萬，屋主讓步：「好吧，但是一定要承諾善待這棟房子，因為這也是我過去最喜愛的房子。就請透過仲介打電話給我，說清楚妳的名字，我會交代仲介專員同意這個價格的。」

溝通完之後，我立刻對秀菊說：「妳現在回去趕快再去看那棟房子，對那尊神明好好的禮拜一下，要求仲介公司趕快聯絡屋主，照你們剛剛所講的價格開給他，並且要

報上你的名字。」

可是各位讀者朋友請看清楚喔，我們的溝通，是融入房子溝通屋主的，而屋主人是在美國，並不是在我們面前，也不是通電話，不要誤會！並沒有通過任何電話或者是見到他本人，而是透過溝通房屋物質的，所浮現屋主的樣子，直接透過房子來做這樣的溝通。

秀菊立刻回去找仲介再看一次房子，並且再開出這個價格的時候，仲介專員當場質疑：「不可能啦，差太多了，屋主有交代，降一毛都不願意賣的，何況這幾天有好幾組的人來看過，有一個開價七百五十萬，屋主都不肯賣了，何況妳的六百五十萬，根本不需要談。」

秀菊只是笑了笑：「你不用管，就照這個價格打電話去美國問就對了，一定要報上我的名字，若是屋主不同意，我們就再也不會麻煩你了。」

於是仲介專員很無奈就照著這個價格打電話去問，他怎麼也沒有想到，屋主很爽快的就答應了，他直說：「不可能啊！昨天那個人開七百五十萬都不賣的，而今天六百五十萬卻成交了？」

因為透過這樣的物質溝通，我們讓秀菊買到這房子，

省下了一百四十萬的費用，而且就在半個月內順利完成了所有交屋動作，完全照她的理想價格買到了這棟房子。可是她原本去占卜的卦象：今年沒有這個緣分買到這房子的。可見深層溝通破除了這個卦象！

　　不過我還是要強調：卜卦都是以當時的因緣來看，確實秀菊當時是買不到這棟房子，卦象所呈現的訊息並沒有錯！只是當知道了因緣如此，又如何呢？就這樣認命嗎？重點是，深層溝通技術是可以改變、可以化解、可以用這樣的方法去圓滿達到雙方的要求，所以這才是我們溝通的重點，而不是「知道了又如何」？

拒絕霸凌的機器

　　我的另一位學員杜至雄是機電工程維修設備的工程師，他上完溝通技術之後，有一家工廠的機電設備壞掉了，就通知他去檢查看看，結果他去看的時候，一開機，整個機電設備運轉正常沒有壞掉，一切都 OK 沒有任何問題！

　　「整個設備都正常，沒有壞掉啊？」檢查完之後杜至雄就離開了；可是離開後不到十分鐘，老闆又打電話來：「哎呀，不行啦，你走後沒有多久它又停擺了、又當機了，你再回來看一下吧！」

　　於是杜至雄只好再折返，整個機器都再仔仔細細的檢查過一遍，然後又開機，正常運轉，過程都很正常，沒有任何的問題、任何的狀況，他當面跟老闆講說：「您看都沒有問題，一切都是正常的。」

　　他一離開不到十分鐘，老闆又打來：「又當掉了。」那一天就這樣，來來回回五、六次之多，每次都是這樣，後來老闆自己都不好意思：「哎呀，實在是很抱歉，每次叫你來，都沒有讓你修理到東西，也沒有付你錢，可是我也很無奈，好像你在它就正常，你一不在它就不正常，那這樣好了，你有沒有一張照片可以給我，好像這台機器很怕你，我乾脆拿你一張照片貼在上面好了，我也搞不懂為什麼會這樣子？」

　　杜至雄想：「對啊，為什麼會這樣子？」於是他就運用物質溝通技術融入那部機器問它：「你到底怎麼了？為什麼一直當掉？」

　　「我很不爽。」

　　「為什麼不爽？」

　　「你去問工人就知道了？」

　　杜至雄就去問操作它的工人，結果工人一開口他就知道答案了！為什麼？因為這個工人滿嘴滿身的酒氣沖天，他才知道這個工人連上班都喝很多酒。可能是心情不好借酒澆愁，喝酒後在操作機器時就有很多的發洩動作了，譬如一般按鈕輕輕一按就好，工人就大力用捶的，當機器不

動了，他就用腳猛踹狠踢。

杜至雄只好委婉的跟老闆說：「您必須要好好的要求操作的工人，上班不要喝酒，用這個設備的時候，按鈕用輕按的就好，不要用力捶，也不要用腳踹。如果希望這台設備今天能夠運轉正常的話，請先去糾正工人的行為，然後回來請代表您的工人，好好的跟這台機電設備懺悔就行了。」

「什麼？你叫我跟一台機電設備懺悔？」這下老闆摸不著頭緒了。

「沒錯！要不然我也沒辦法修它了，它會一直這樣子當機、鬧情緒、無法運轉。」

老闆百般無奈之下，為了讓工廠可以運轉，他就照做了，結果懺悔完之後，說也奇怪，機器再次開機，完全運轉正常，不再當機，一切 OK ！

杜至雄又分享，有一次也是一家工廠整個機電都當掉，公司派了五位工程師一早就趕過去修理，可是修理了一整個上午，始終找不到任何問題，不曉得該怎麼辦？公司只能趕快增調杜至雄趕過去維修，一到現場問了這些工程師同事：「有沒有哪裡沒檢查過？哪裡哪裡有沒有問

題？」

「你所想到的問題，我們都檢查過了，但就是找不到原因。」

看大家不知所措，杜至雄想說：好吧，再用他的絕招融入機電設備去看看。可是那個老闆已經很心急了，停擺一整個上午了，損失不少錢，老闆生氣了：「我可是叫你來修理機器的，不是來這邊冥想的。」

「請給我二十分鐘，我就可以搞定！但是請不要在旁邊干擾我就行了。」支開老闆，杜至雄就開始靜下心來，觀想自己融入機器設備：「到底怎麼了？」

「簡單啦，你把開關箱打開，裡面有一條電線沒有接好而已。」

知道答案後，杜至雄跟那些工程師說：「去把開關箱打開就對了。」

工程師們面面相覷：「應該不是開關箱的問題！」

結果一打開，真的有一條電線看似正常，但實際上並沒有接好，再接上去之後，一切都正常了，然而這五位工程師找了一整個上午都找不到任何問題，無法維修，結果杜至雄不到半個小時，全部搞定。杜至雄回來跟我分享

說：「我現在在業界裡，工作接不完，而且被同業讚譽為機電工程維修之神！說我簡直和神沒有兩樣！」看，再大的疑難雜症，透過融入物質溝通之後，都可以立刻找到問題，排除狀況，非常有效率。

掃地掃地，掃出阿羅漢

　　過去曾經從日本引進一種課程到台灣來，這課程只准企業的董事長或總經理這種高階職務管理人才能夠上，當然這樣的課程收費也不便宜，知道這種課程在教什麼嗎？其中有一個單元，就是教這些董事長、總經理們，親自負責把公司的地板、牆壁、玻璃、廁所馬桶，全部仔仔細細的清潔乾淨，其實這個概念是對的！

　　為什麼？如果一個公司的主要經營者本身，能夠親自為公司的物質仔仔細細的清潔一遍，他等同於清除掉公司所有的「業」。如此一來，可以將公司的障礙清除掉，會讓公司的業績更好；更加重要的是，做這個動作的同時，也在展現他是一個僕人的「謙卑」心態——為他的員工當僕人，為他的客戶當僕人，如果一個董事長或總經理能夠用這樣的心態去做這些事，我相信，他會贏得員工對他的

尊敬，公司更有凝聚力跟向心力，而且清除掉這些業障之後，公司的業績也會更加成長。

不要小看我們在清理自己房子的動作，當我們在仔細的擦洗這些家具設備、地板牆壁、玻璃、浴室馬桶等等的物質過程中，其實就是和它們在進行溝通對話了。每年年終都要大掃除，把房子徹底的大掃除一下，清潔整棟房子，其實是每年都必須做的，甚至是每半年或每一季都有必要這麼做，但是不要忘了，物質環境需要清掃，那麼人的心靈呢？是不是也需要大掃除一下！各位讀者朋友，請試想想，你多久沒有心靈大掃除了？

掃地、擦玻璃、清洗地板
都是在清除物質的障礙、人心的污染

在兩千五百多年前，印度佛陀的那個時代，有一位想皈依佛陀的弟子是個智障，先天很愚鈍的人。當時佛陀一看到他的樣子，就知道根本上很難學得來，因為他聽不懂佛陀所講的道理，聽不懂怎麼學佛呢？佛陀也很清楚跟他講沒有用，就跟這位弟子說：「既然你想要跟我學佛，很簡單，你必須做一件事情，而且天天都要做這事情，這是

你要做的功課。怎麼做呢？你每天都要掃地，而且對這裡所有環境的土地，都要仔仔細細的掃乾淨，每天都要掃，一天都不能停。」

於是這位弟子就遵照佛陀的指示，天天掃地，掃了很長一段時間之後，有天突然掃到一半，他開悟了！因為他掃掉所有的障礙了，這弟子開悟後立刻證得了阿羅漢果。從這個故事我們很清楚的看到，佛陀只是要這位弟子先清除自己的障礙而已，可是佛陀知道跟他講道理肯定聽不進去、聽不明白，只要求他先清除自己的障礙，就讓他先掃地，不斷的掃，等於是不斷的掃掉自己的障礙，當障礙清除了，他當然也就明心見性的豁然開朗，自然就開悟！這個典故也是告訴我們，掃地、擦玻璃、清洗地板，這些動作都是在清除物質的障礙，在清除物質的同時，其實也是在清除我們人心的污染，所以不要小看這些動作，都有其深層的涵義存在。

招牌歪了，小心營運出問題

　　曾經有一家中醫診所，院長本身就是老闆，也是醫生，他看了我的書之後，決定請我到他們的診所去上課，他希望診所內的護士還有醫生，包括他自己，想要學會這個深層溝通技術，因為他發現很多病人確實不單純是肉體疾病的問題而已，而是心靈有問題。但是醫生護士們對病人的心靈機制完全不懂，他們當然沒有辦法完全幫助到病人，這位院長很有理念，他很清楚知道，如果病人的心沒有處理好，藥物治療只是暫時的功效，是無法完全根除疾病的成因的。

　　那天教到物質溝通單元，剛好診所的會議室牆壁兩邊都掛了一個壁鐘，桌子上還放了一個鬧鐘，上課時桌子上的鬧鐘跟牆上其中一個壁鐘都停擺了，我就說好剛好這裡有物質現象，這個物質現象告訴了我：「你們這家診所應

該有兩個部門停擺了，是嗎？」

這些醫生護士聽到我講這些話，當場就愣住了！護士們一直跟我點頭，院長有些尷尬：「老師你怎麼會知道？我們真的是有兩個部門停擺了。」

「簡單嘛，你們這裡有兩個時鐘停擺了，不就是代表有兩個部門停止運轉嗎？」

院長一聽就立刻要求護士小姐趕快去換電池：「時鐘沒有電池了，當然停擺了。」

我馬上阻止：「不要由護士小姐換，老闆自己來換，因為你是老闆，當你懂得照顧這些物質的時候，你就懂得照顧員工們的心了。」

當時這位院長就要求我：「老師，我能不能帶你到處參觀一下，看看我們哪些物質現象需要改變的，我要改進什麼會更好？」在我聽起來，他好像把我當作地理風水師來看待了，好像要我幫他看診所風水。

「不用啦，你自己學會這個技術之後，就可以去看看你們的物質哪裡有壞掉？哪裡需要更換？哪裡需要維修？況且你學會這些物質溝通技術之後，你自己就懂得如何處理了。就用現成的例子來說，先把你們門前的招牌扶正。

那個招牌被颱風已經吹歪傾斜一邊了，傾斜的招牌，代表你這家診所營運上應該出了問題。」

「沒錯，本來是有幾個醫生合夥的，後來合夥一段時間之後，大家吵著要拆夥，不得已之下，我把所有的股份都承接下來，可是因為這些醫生拆夥後，把員工都帶離開了，導致有兩個部門停擺，而且我也承擔很大的金錢壓力，真的是有點快撐不下去了。」

「你趕快把那個招牌扶正，把該維修的物質趕快去維修好，在這同時你就會知道，你該怎麼來修復你剩下員工的心，該怎麼樣照顧到他們的心！」

學完我的課程後，那老闆真的這麼去做，一兩年後聽說他們的營運越來越好，而且本來的診所是用租的，後來他們買了一棟新的大樓，讓自己的規模擴大，可見他們的營運狀況越來越好了，藉此也順便恭喜他們！

破掉的玻璃，碎掉了的心

　　有一位女學員雅君跟我說：「有天我的辦公室玻璃門一關的時候，突然整片玻璃破掉了，老師，那片玻璃破掉代表什麼訊息？」

　　我引導她融入辦公室的那片玻璃：「為什麼破掉了呢？」一融入後，才看到原來是雅君的心碎了；玻璃破掉代表她的心碎了？

　　「最近發生了什麼事，讓妳的心碎了？」

　　「跟先生感情上出了很大的問題。」

　　而就在溝通後沒有多久，雅君跟她先生離婚了。破璃破掉表示她跟她先生的感情破裂，而且後來也真的離婚了。

　　從這些物質溝通的實際案例，我們可以很清楚的看到在我們周邊所發生的任何物質現象，都有它的涵義存在。

不要忘了，是人在使用它們，是人賦予這些物質生命意義跟想法，每個物質都有它們存在的目的跟意義，只要我們能夠使用它，我們就能夠溝通它、理解它。任何物質所造成的現象，如果能夠解讀這些訊息內容，可以為我們帶來很多不可思議的訊息跟觀念，同時也可以預防很多事情的發生。每個物質都有它存在的想法，有它存在的目的，我們必須發自內心去感恩所有的存在，珍惜每一個物質的存在價值。

至於要如何與物質溝通？當然得先學會深層溝通的技術才行，一片玻璃也好，一部車子也好，一盞電燈也好，若是它會突然對你開口講話，我想你也會嚇到跌倒吧？與物質溝通時，不能跟它是對立的，不能命令它，必須成為它，當你成為它，你問它的問題，自然會透過你內心想法湧現出來，但是你必須把那個想法表達出來，不要忘了，因為你有嘴巴，你是可以表達的。

剛開始，如果各位要這麼做也許很困難，那麼先藉由我們的專業溝通師來引導你，融入物質做幾次之後，你熟悉那種感覺了，未來你自己就可以做到了。當然更好的是如果你自己可以學會這個方法，你可以自己來，還可以引

導別人這麼做，就像我引導我的孩子融入海豚，融入花草跟它們溝通，我讓我的孩子了解萬物是可以溝通的，但是必須要先會這個方法才行。

腳踏車洩露成交底價

和物質溝通中，還有一個非常有趣的好處，當你要買任何東西的時候，除了可以先溝通問品質如何？同時也可以溝通它的價格如何？

有一次我們在高爾夫球場的度假村上課，裡面有一家精品店，門口擺放了五輛摺疊式的腳踏車，下課時，我們有個學員邱璽很想買那種腳踏車，標價是台幣 5800 元，於是邱璽就融入那部腳踏車問它：「你多少錢可以賣呢？」

「2300 元就可以賣了！」

「定價是 5800 元，而你說 2300 元可以賣？怎麼會差那麼多？」

「沒騙你，沒問題啦！你就去跟老闆開這個價，老闆就會讓了。」

邱璽半信半疑的去問店員：「這輛車子最低價多少可

以賣？打個折吧？」

「老闆交代只能打九折。」

邱壑一算，九折打下來還是高於 5000 元以上呀。他又再問：「眞的沒有辦法再降了嗎？」

「不行，不行，九折是最底限了，沒有辦法再降給你了。」

邱壑回店門口再去溝通那輛腳踏車：「你說的 2300 元怎麼可能賣？人家說只能打九折而已。」

「是你找錯人了啦，我是要你問老闆，不是問店員小姐。」

「可是你剛剛講的價格實在差太多了，老闆眞的會讓嗎？」

「相信我吧，我在這邊好久了，你去問老闆就對了，他一定會讓的。」

於是邱壑再進去問店員：「你們老闆在不在？」

「不在。」

「這樣好了，你打電話給你們老闆，我開個價，如果他願意讓，我就買了，不願意我就算了。」

「好吧，你開個價，我幫你問看看。」

「就 2300 元賣不賣？」

「先生你太離譜了吧，怎麼有人這樣殺價的？我們這是精品店、一向是不二價的。」

「你就先去問老闆，如果他要讓，我就買，不願意讓，我也不勉強。」

這店員只好打電話給老闆，沒有多久，老闆真的同意用 2300 元賣了。剩下的四輛腳踏車，我們的學員依法炮製全部都買回去了，非常便宜，幾乎是成本價了。

對於身邊的物質實體，如果我們懂得珍惜它們，感恩它們的存在，我相信任何的物質都會更耐久，並且同意配合你。不要忘了，所有的物質既然都有它們的想法，這些想法，某個程度當然也是人類賦予它們的目的，我們可以注意觀察一下，譬如：

你同時買兩棟一模一樣的新房子，而且就在隔壁，你住進了其中一棟，另外一棟你留著置產完全不住，你住進的這棟房子，住了有五年之久了，會一直維持那個樣子，但你會發現，沒有住的那棟房子，五年之後，會顯得特別的老舊。可是令人不解的是，有住人的這棟房子有在使用，應該是會舊得比較快才對，沒有住人的房子，沒有人

去動它，應該是會保持原來新的樣子才對，但是你去觀察，可以明顯的觀察到不使用的那棟房子，老舊特別厲害，而有人在住及使用的房子，反而不會，還是維持很好的狀態。這道理告訴我們什麼？物質的存在意義是什麼？是要被創造者使用的，若不用它，它就老化得特別快！這是非常明顯的現象。

就如同水一樣，水有流動的欲望，若不讓水流動，水就變成死水，發霉發臭、長蚊蟲；水若有流動，就會維持很透明清徹，很乾淨的狀態。相對的，所有物質也是一樣的原理，我必須說：這個宇宙唯一不變的道理，就是變！所以物質的每一個分子都在變動，若是不用它，它不動了，老化的現象都會特別快。

看看我們的汽車輪胎，車子開了三五年輪胎都不會漏氣，也不用再灌氣，除非扎到釘子，否則正常輪胎通常都不容易有漏氣或是消風的問題。可是注意看，一輛車子放三個月都不動，不必三年五年，便會發現輪胎洩氣了。這代表什麼？每個物質都有頻率波動的現象，這就是宇宙不變的道理——變！

IKEA
暢銷品和滯銷品的對話

　　全球知名企業 IKEA 宜家公司，亞太地區總營業部的一位高階主管和他的夫人都來上過我的課程。有一次，他們公司 2013 年全球高級主管的年度會議，特別安排在台灣台中市召開，三天的會議中，他邀請我特別撥出一整天的時間，為他們來自於十幾個國家的主管，上一堂與物質溝通的單元課，有來自於，瑞典、荷蘭、德國、法國、西班牙、印度、美國、中國等等，及台灣本地的各區主管，共有 28 人。現場簡直就是一個小型聯合國一樣。

　　更重要的是，我必須在短短一天的時間內，讓所有人了解何謂與物質溝通的原理及步驟技術，還要能夠讓現場來自不同國家的人，每個人都能夠實際做到溝通物質、得到物質所傳達出來的訊息，並且得到證實。這對我來說，是一項挑戰，對於深層溝通與物質溝通的技術而言，更是

如此。

在「如何與物質溝通的技術步驟」課程中，我們分四組，在不同的空間做實物溝通演練，當時我請 IKEA 帶來兩種不同的產品，一種是銷售量最好的產品，另外一種是銷售量最差的產品。我把這兩樣產品放在講台上面，於是由這四組不同的人，共同去融入這兩樣產品，和物質產品做溝通對話。溝通的重點是銷售量最好的產品和銷售量最差的產品，真正的原因是什麼？然後每組把每個人融入兩樣不同的產品，所得到的答案記錄下來，完成後，再由每一組公佈分享所得到的結果答案。

如此的分組安排，非常的客觀，而且很科學，因為彼此來自於各個不同國家地區，彼此融入共同的物質產品內所得到的訊息內容，如果是一致性的話，那麼非常明顯，這些物質實體所傳達出來的訊息內容是共同的。然而當天現場每組溝通所得到的答案，一點都不出我的意料，每組彼此得到的訊息內容都是一樣的！如此的結果，讓這群來自不同國家的人，完全心服口服，何況溝通的物質實體，都還是他們自己拿出來的產品，這樣更讓他們無可挑剔，同時也顛覆了他們原本的觀念！

　　當時所溝通的兩樣產品，銷售量最好的是一套純棉質料的床被單；銷售量最差的產品是一條化學纖維材質的毛毯。這兩種產品，純棉質料的床被單賣得很好，溝通所透露的訊息是：因為材質天然，製作的過程非常環保，生產的過程不會產生二次污染，所以人類的集體意識自然會喜歡這樣的產品，因此賣得特別好。

　　化學纖維材質的毛毯，由於材質是石化產品，製作的過程會破壞地球環境，同時生產過程中會產生二次污染，而人類的集體意識自然會拒絕這樣的產品，因此賣得並不好。當時透過分組溝通物質的結果，所表達出來的訊息，相對也提供了企業一個非常重要珍貴的情報訊息，對於一個企業選擇生產的品項，有非常明確的選擇方向。

　　IKEA 宜家公司是全球知名的企業，本身的企業形象非常好，尤其對於地球生態環保的貢獻，可以說是不遺餘力，而內部所有的高階主管，透過這樣的課程設計，學會如何與物質溝通，對於未來整體企業的走向、決策，及產品生產的選擇，我相信都會有非常正面的影響。

帶著IKEA亞太地區總營業部高階主管做物質溝通。

第六章

與食物溝通

溝通，讓食安從實招來

近年來食品安全問題層出不窮，有時候都不知道該吃什麼才是安全的，如果我們可以運用深層溝通來和食物進行溝通，深入了解食物的品質、成分是否安全？對於人體是否有危害或是幫助？如果可以這麼做，食品安全問題就不再是問題了。

有機蔬果

先前提過有兩位出家法師為我辦演講，溝通喇叭花的案例，這兩位師父可以說是把我物質溝通這個技術運用得最透徹了。有一次她們去菜市場買有機蔬菜跟水果，想先融入那些蔬菜水果，問問看它們的品質如何？到底是不是真正有機的？結果一融入，那些所謂的有機蔬菜跟水果竟然說：「騙人的，騙人的，我們不是真的有機蔬果，是商

人騙人的，千萬不要買我！」

　　「那怎麼辦啊？我們想買真正有機的蔬菜水果，哪裡才有得買呢？」

　　那些蔬菜水果就推薦：「從左邊數過去的第五攤，那一攤賣的才是真正有機的蔬果，這家的老闆騙人，千萬不要買這家的。」

　　這兩位師父覺得該教化一下賣菜的商人：「老闆啊，你坦白跟師父講，今天賣的這些蔬菜水果，到底是不是有機的？」

　　那老闆聽到師父這麼一問，表情有點驚訝：「師父你今天不要買我的啦，坦白說，今天來的不是，我推薦你們去買左邊數過去第五攤，去買他的絕對是有機的。」結果就如同剛蔬菜水果所推薦的是同一家，證實了剛才溝通得到的訊息完全屬實。

礦泉水

　　這兩位師父有次去買桶裝的礦泉水，到了店裡看到各式各樣不同廠牌的礦泉水，不知道要怎麼選才好，其中一位師父提議：「我們不妨先融入這些不同廠牌的礦泉水，

問看看到底是哪個牌子的水質比較好？」

　　於是其中一位師父就自己融入一桶一桶的水去溝通，過程中另外一位師父就負責把關，及溝通引導。當時店員發現了她們的行為有些怪異，於是就過來問：「師父，怎麼了？」

　　負責把關的師父趕緊解釋：「沒事沒事！她只是身體有點不舒服，讓她靠一下就好了，你去忙你的事，沒有關係的。」就這樣，師父融入各桶礦泉水的結論是：擺放在最上面那排牌子的礦泉水，水質最好。

　　為了證明溝通的結果，師父就問店員：「現場哪個牌子的礦泉水水質是最好的？」

　　店員指著擺放在最上面那排牌子的礦泉水說：「這個牌子的水質最好，但是價錢也比較高喔！」當下師父內心竊喜，相視一笑：「那就決定買這牌子的礦泉水。」

吃的學問，食物自己教

　　有個學員凌子，學了食物溝通後，融入她自己所帶來的「精力湯」，這是她從有機食品早餐店買來的蔬果飲料，她問精力湯：「你的成分到底由哪些蔬菜水果所組成的？」

　　「蔬菜成分包含西洋芹、紅蘿蔔、莧菜、苜蓿芽等等，水果類有香蕉、蘋果、奇異果、藍莓等，另外還有堅果類如南瓜子、核桃、杏仁果等，混合打成汁所組成的，而且所用的蔬菜水果都是有機認證，沒有污染成分，或是添加人工香料等，你可以安心食用。」

　　「這些成分對於我的身體健康保健有幫助嗎？」

　　「當然有，我可以根據食用者的身體狀況，來調配我的蔬果成分，比如可以調配成降血糖專喝的精力湯，或調配成降低血脂肪，或是降血壓的精力湯，其他如抗癌、醒腦、通便、消炎、補血等各種不同需求的配方，均可調

配，重點是調配的人，本身必須先懂得各種五行蔬菜水果及堅果的特性，以及人體健康的屬性，才能調配出具有療效的精力湯，對於人體健康才會有幫助。精力湯本身調配的概念，就是一種自然飲食法，絕對沒有副作用的飲食法，對於人體健康保健會很有幫助的。」

凌子又好奇的問了許多問題，精力湯都一五一十不厭其煩的把許多不同蔬果配方告訴她，溝通完後，凌子與大家分享：「融入精力湯所得到的訊息內容，簡直就是上了一堂很完整的自然飲食保健課，收穫非常豐盛；完全超過我的想像，經過這樣的食物溝通後，我也更懂得如何挑選各種食物了。」

梅子餐前餐後的正確吃法

有個女學員秋欣喜歡吃醃漬梅，於是在課堂上的溝通演練中，她就融入自己所帶來的醃漬梅，做了一場食物溝通，她問梅子：「我這樣常常喜歡吃你，到底對我的身體好不好？」

「沒有問題！我是天然梅子醃漬出來的，沒有添加任何人工添加物，你可以安心食用。」

「對於我身體有什麼幫助？你倒是說說看。」

「有的，我所產生的酵素，對於你的腸胃消化系統會有很好的幫助，可以健胃整腸，最好的食用方式是，你在餐前先吃我兩到三顆，餐後再吃兩顆即可，過去你都是在餐後才吃我好幾顆，其實對身體消化幫助不大，下次你可以改變吃我的順序，效果會更好；其實我也含有豐富的維他命 C，還可以幫助你養顏美容呢！」

秋欣在課堂上與大家分享：「溝通完後，我改變吃梅子的順序，發現消化系統真的改善很多，之前本來有便秘的問題，現在完全順暢正常了，真是不可思議。」

眞的就是好茶

　　有一對男女朋友一起來上課，在中午休息時間，他們兩人走到附近的超商，女孩買了鋁箔包裝的茶飲料來喝，男孩說：「下次不要再買這種飲料來喝了，都是垃圾飲料，肯定不是什麼好茶葉去做的。」

　　女孩子一聽有所警覺，就只喝了一半，然後帶到教室裡，放在桌上也不太敢喝。剛好下午的課程內容就是要做與物質溝通的實際演練，於是她就融入前面喝剩下一半的茶飲料。融入後立刻傳來一個非常強烈的訊息：「我是好茶！剛才妳男朋友誤解我了，我眞的是很好的茶做出來的飲料，我來自於海拔兩千公尺以上的高度，所種植出來的凍頂烏龍茶，我的成分包括有……」許多連包裝盒上沒有標示出來的成分，飲料都一五一十的全部說出來：「我最重要的成分，是含有大量的維他命C，多喝可以預防感

冒、養顏美容、去除體脂肪、幫助消化……」

　　這位女學員訝異極了，半罐飲料給的訊息，簡直超過她的想像，要結束物質溝通前，茶飲料又再次強調：「我是好茶！」

　　和食物溝通的案例非常多，寫都寫不完，許多案例都非常有趣，也很不可思議！但是除了和食物溝通的案例之外，我想要再表達更深的層次內容分享給大家！

　　想想看，我們可以和食物溝通外，是否可以把食物的成分，運用溝通來進行轉移呢？我相信這樣的說法，會完全徹底的顛覆所有人的想法！有人說，這不是有特異功能的人才能做到嗎？我先分享幾個實際的案例後，再來說明物質轉移的原理理論吧！

　　我曾經在課程裡教導學員：「你可以先融入水，去了解水的分子結構，並用你的心眼去看清楚水的分子結構，然後再融入另外一些物質實體，在看清楚它們的結構後，我們甚至可以把另外的物質分子，轉移到水裡面來，譬如把一顆維他命C放在面前，引導個案融入它的分子，看清楚其分子結構，再融入水，去了解水的分子結構之後，再運用心念把維他命C的分子，轉移到水的分子裡面去，

轉移到水之後，等一下你喝這杯水，真的會有維他命 C
淡淡酸酸的味道。這證明了我們人的心念，是可以改變分
子結構的；猶如日本江本勝博士的水結晶實驗照片一樣，
既然我們的心念都已經可以改變水分子結構，同理可證，
我們的心念也是可以轉移其分子結構的。」

百合花香的礦泉水

　　有一位學員阿福，有次帶了一瓶礦泉水來上課，剛好那天中心擺了一盆百合花，於是阿福就做了一個實驗，把百合花的分子轉移到水裡面。當時這瓶礦泉水是密閉的，還沒有開封；用心念把百合花的分子轉移到礦泉水之後，他就把那瓶礦泉水放在櫃檯上，自己先去上洗手間。一會兒另一位學員進來，看到櫃檯上有一瓶礦泉水還沒打開，就順手開來喝了，結果一喝就問：「哇，怎麼這瓶礦泉水有這麼濃的百合花的味道？」

　　阿福從洗手間回來，忙說：「哎呀，你怎麼喝了我的礦泉水？」

　　「對不起！對不起！我不知道這瓶水是你的，可是剛拿起來喝，怎麼會有這麼濃的百合花的味道？沒聽說這牌子有出百合花味道的礦泉水呀？」

　　阿福指了指中心的百合花：「我剛剛成功的把百合花的分子轉移到水裡面來，我只是在做實驗而已，沒有想到你還真喝出有百合花的味道。」

　　另外有位學員方美，要開始上課時，來不及到外面櫃檯去先泡好咖啡，於是就在教室裡面運用心念把外面咖啡豆的分子，轉移到他的礦泉水瓶裡，當他打開後，旁邊的學員東張西望的問：「怎麼有一股很濃的咖啡香？」

　　方美笑了出來：「我剛只是運用心念，把外面咖啡豆的分子，轉移到我的礦泉水瓶中，由此可見，我已經轉移成功了。」

　　從這些例子，我們可以看到人類心靈的主導力量非常強大，大到可以改變物質的分子結晶，同時也可以去轉移其分子結構，過去有些特異功能的人，或是一些道家的法師，他們本身就具備有轉移物質分子的能力。例如：把烈酒的酒精分子變淡，可以千杯不醉；或是所謂的隔空抓藥、隔空取物、移物實體等等，許多不可思議的法術。其實道理是相通的，既然他們能，我認為我們只要懂得同樣的原理，每個人也都可以做到才對，深層溝通的技術也確實讓很多人都可以做到，並且得以印證。

第七章

與天氣溝通

晴時多雲偶陣雨

　　當我們已經證明了可以和動物、植物、物質、食物做溝通，那麼天氣呢？能不能也可以溝通天氣？當然可以！試想，如果可以和天氣溝通，我們不就可以預知天氣的變化，如古代諸葛孔明一樣來觀天象了。

　　自古以來，天象氣候確實是可以透過觀察，而得知其結果，這在古書中都有記載，其實我們也可以透過觀看雲彩、夕陽、月亮、星星、彩虹、風向等等，判斷出這幾天的天氣如何？這也是我在課程裡會教學員如何觀天象的一些方法。很多學員學過這課程之後，都已經懂得如何觀天象了，知道什麼時候會下雨？什麼時候會颳颱風？甚至什麼時候會有地震的可能？或者是什麼時候會放晴？這些都是可以溝通觀察的，其實跟天氣溝通一點都不難。

察顏觀色看夕陽

每一天太陽下山的顏色，有時候會有不一樣的顏色呈現出來：

- 夕陽是橙黃色，沒有雲層覆蓋，太陽輪廓很鮮明，我們可以正眼對著看，代表這幾天的天氣很晴朗。
- 夕陽有烏雲遮日，明天要下雨或變天。
- 如果夕陽的輪廓和光沒有那麼明顯，而是暈開的感覺，呈現日暈現象，代表明天要下雨或是起風了。
- 如果夕陽顏色呈現金黃色，非常的刺眼，無法正視，代表會有颱風侵襲的可能。
- 夕陽的顏色若不是橙黃色的而是鮮紅色，類似於紅綠燈的紅燈色，甚至是血紅色，意味著 3-10 天之內，應該會有較大的有感地震發生可能。

為什麼太陽或是月亮呈現血紅色時，就會有發生地震的可能？原理說明一下：一般而言，大地要發生地震之前，會大量釋放大氣離子，由於地殼變動時，大量帶電的離子會從地殼釋放出來，而這些大氣離子層離地表不會太高，因此太陽西下時，或是月亮東升時刻，透過地表的大

氣離子層光線折射的結果，太陽或是月亮的光，會變成血紅色現象；夜晚若有流星劃過天空，流星的顏色也會呈現紅色的光。

而這些地表的大氣離子層很濃稠時，有時候用肉眼也可以看得出來，就類似於早上的晨霧。一般而言，早上的晨霧太陽出來後霧就散了，如果到了中午過後，這種淡淡的霧一直存在，那麼就有可能是地表的大氣離子層，如此一來數日之內，就有可能發生較大的有感地震。

有一次和同事一起下班，等候電梯時，我看到窗外的夕陽呈現很紅的顏色，我告訴同事：「三天之內可能會有地震！」

「若是真有地震發生，我就服了你！」同事一副完全不信的表情。隔天下午，果真在嘉南地區發生了芮氏規模6.9級的地震。

夕陽西下沒有雲層覆蓋，意味著明天天氣晴朗。

日暈而雨，月暈而風

關於月亮的觀察，如果它的輪廓和光沒有那麼明顯，而是暈開的感覺，也就是呈現月暈現象，代表明天要起風了。古話說：「日暈而雨，月暈而風」，月亮皎潔明亮，代表明天天氣很好，月亮周圍出現黃紅色，代表即將要變天了，月亮呈現血紅色，也是會有地震發生的可能。

天邊一朵雲

天上的雲朵——

- 若呈現如魚鱗斑的高積雲現象，預兆著晴天。
- 如果早晨出現棉絮雲，過了中午後會下雨。
- 雲朵像是城堡狀態，則意味著將要降雷雨。
- 夕陽西下時，有烏雲遮住太陽，也是意味著會下雨的徵兆。
- 如果天空明顯的佈滿卷雲很像魚鱗般，也是意味著要下雨或起風。
- 如果早晨有霧，代表會一連幾天放晴，若是連續重霧現象，代表會颳大風。

相信彩虹

- 如果彩虹出現在東方，代表天氣將轉為晴天。
- 如果彩虹出現在西方，則意味著即將要下雨。
- 黃昏時西邊天空出現虹光，呈現一半淡淡的紅色，另外一半邊是淡淡的藍色，代表有颱風形成了。

有一年，台灣的氣象預報中心一直預報某個颱風可能

會侵襲台灣，而且節節逼近台灣。當時我太太要我趕快準備做好防颱，我說：「颱風不會登陸的。」

「你如何這麼有把握颱風不會來？」

「這些天的天象，完全沒有颱風登陸的徵兆，所以應該不會侵襲台灣才對。」結果颱風果真沒有侵襲台灣，當時的氣象預報中心還被民眾罵翻天了。

彩虹密碼，看懂了嗎？

風從哪裡來

夏天一般的風向是吹東北風，如果突然轉向吹西南風，一個小時內將要下雨。或是天色陰沉、無風，如果突然起風，或是風轉向了，也是代表著即將要下雨。

有次我和朋友去杭州，那天下午我們決定搭乘人力三輪車遊西湖，但天氣很陰沉，好像要下雨了。我朋友說：「看起來快要下雨了，我們如果坐三輪車遊西湖的話，等一下會被雨淋濕，我看不要坐好了。」

我回他：「不要擔心，目前還不會下雨的。」

「你為什麼那麼有把握，確定不會下雨？」

「很簡單，你看湖面風向依舊不變，只要風向不變，雨就不會下的！」

當時踩著三輪車的師傅是一名約五十歲左右的船夫，聽到我這麼說，他也回應：「先生你真懂得觀天象，沒

錯！風向不變雨就不會下，我看你們安心遊湖吧，目前還不會下雨的。」於是我們悠閒地遊西湖，約兩個多小時，沒有下一滴雨；直到我們在湖邊一家茶藝館坐下來泡茶聊天，約半個小時後，我看到湖面的風轉向了，我就告訴我的朋友說：「你看，風轉向了，要下雨了。」果真十分鐘後雨就潑灑而下，煙雨中的西湖，真美！

看天打仗

　　光是從觀察太陽，月亮，彩虹，雲彩，風向等不同現象，就可以判斷出天氣如何，那也代表連氣候都是可以溝通的，我相信以前諸葛孔明絕對是懂得跟天氣溝通的人，他懂得觀天象，因為他的善觀天象打了很多場勝利的戰爭，赤壁之戰更是贏得名垂千古。

　　三國時，赤壁之戰所在地位於現在的湖北嘉魚附近，大約在武漢西南方約 100 公里處。在冬季，當地的大陸高壓主軸呈西北至東南走向，自河套附近向東南伸向東海，而赤壁位於高壓南方或西南方，等壓線多呈東至西向，或東南東至西北西走向。按等壓線與風的關係，這地區多吹偏東風，即東、東南東，或東南風，而冬季在正常

情況下，高壓呈週期性通過，大約會有 5-7 天的時間，當地的風也會隨之改變。

諸葛亮也注意到這種週期性風向的變化，所以能預先把握到東風的即將來臨，並運用於戰略之中。可是在逼近開戰的時節，在赤壁地區吹的是西北風，曹操認為東吳不會用火攻，如此風向有利於曹操，不利於東吳，因為當時不太可能會起東風的。但是諸葛孔明心裡很清楚，在某個時間點，是會颳起東風的，他故弄玄虛，搭壇城作法借東風，其實搭不搭壇城作法結果都一樣，時辰到了就會颳起東風的，所以諸葛亮藉東風之利火攻，一舉擊潰了曹操的大軍。

誠如諸葛孔明所言：「用兵之計，不僅僅是用部隊而已，草木皆兵！」連一場東風都是他的百萬雄兵啊！「草船借箭」妙計，何嘗不是運用了觀天象而成就的；諸葛亮預測出江面會起大霧，利用濃霧籠罩下，出動草船鼓譟，引發曹操大舉向江中射箭，因此諸葛孔明平白獲得了十萬支箭，這也是運用天象贏得了勝仗。

各種天象變化的蛛絲馬跡，大都是我個人從小到大細心觀察氣候變化的結果，純粹是個人經驗累積的心得，有

些是古書上既有的記載，再透過觀察實證所得，但我必須說明白：近年來由於地球暖化的影響，天氣變化實在太大，氣候變遷迅速無常，瞬息萬變；越來越「天有不測風雲」了，但依我個人的經驗來看，通常也是八九不離十。

傳統文化的古書典籍中，有關於天候變化的記載，可以說非常的詳細，而且一直延續到今天，每年出版的農民曆，上面會詳細記載著每年二十四個節氣的變化，每個節氣的時刻點，古代農民們所有的農事活動，都是按照節氣來安排，所謂春耕、夏耘、秋收、冬藏，只要依照作息，順乎自然，則五穀不絕，道理就在此。

眞的來自於「竹節」的「節氣」

我們必須了解古代的中國人是如何創造發明曆法，即農家沿用迄今的「陰曆」或稱農民曆。古代沒有時鐘、沒有人造衛星、先進的氣象預測科技，古人是如何能夠精準的測量出每個月的節氣呢？

有關於節氣的由來有兩種說法：一種是源自於中國秦漢時期，古人們以一根竹竿插在土地上，依竹竿影觀看時辰，他們發現到，每日中午所看的竿影，長短會有不同，且變化有規律可循，由日影最長逐漸變到最短，再由最短變到最長，所以先訂定了「夏至」和「冬至」。至於春秋兩個季節，古人們發現各有一天竿影相等，也就是說晝夜時間相等，便再訂出了「春分」和「秋分」，然後依序排列出二十個節氣時刻點。

另一種更爲古老的傳說，是從黃帝時代就有的一種做

法，當時的古人把竹竿依照竿影的長度，截取同樣長的竹子，然後把竹子內部一節一節的膜打通貫穿，然後再把羽毛燒成灰，塞滿竹子的出口，並且把不同長短的竹子埋在地下，一旦節氣的時刻到來，地底會冒出氣，並且透過相關長度的竹子冒出氣，竹子口的羽毛灰就會冒出來，好像是冒煙一樣的現象，如此一來，就知道節氣到來了。

　　例如立春的節氣到時，屬於立春長度的那根竹竿就會冒出煙來，古人們就知道春天來了，已經又過了一年，人們互道恭喜新年好！而冬至節氣到時，那根最長的代表冬至的竹竿就會冒煙，用這種竹子吐氣冒灰煙的方法來測量氣候的變化時間，就是所謂的「節氣」！

　　這種古老的傳統方法，目前在中國大陸東北一些偏遠的鄉下地區，都仍然保留有類似的做法，當地農民會在地表下挖掘一個深一公尺的正方形地坑，然後在地坑底鋪上羽毛，據說，立春的節氣時辰到了，地坑底所鋪的羽毛就會飄起來，農民就會敲鑼打鼓，放鞭炮，慶賀過新年！

　　由此可見，中國古人的智慧非比尋常，懂得運用如此生活化的方法來測量氣候的變化。至於我們近代的人是如何來測量出節氣的時刻點？答案是根據太陽在黃道帶上，

日照近日點的位置，準確地確定了二十四節氣的具體時間。

　　二十四節氣也可以反映太陽的周年運動，所以節氣在現行的公曆中，日期基本上固定，上半年在6日、21日，下半年在8日、23日，前後不差1-2天。如果按照太陽的運行來制定節氣，太陽從黃經零度起，沿黃經每運行15度所經歷的時日稱爲「一個節氣」。每年運行360度，共經歷24個節氣，每月中有兩個。

　　其中每月第一個節氣，亦稱之爲「節氣」，即：立春、驚蟄、清明、立夏、芒種、小暑、立秋、白露、寒露、立冬、大雪和小寒等12個節氣。每月的第二個節氣，則稱爲「中氣」，即：雨水、春分、穀雨、小滿、夏至、大暑、處暑、秋分、霜降、小雪、冬至和大寒等12個節氣。「節氣」和「中氣」交替出現，各經歷15天，但現在人們已經把節氣和中氣，都統稱爲「節氣」了。

　　然而更加精細的計算方式，是中國古人觀察每五日的氣候變化，加上鳥獸動物及花草樹木的變動，定出每五日爲一候，每三候爲一節氣。宋代王應麟的《玉海》書中有說到：「五日爲一候，三候爲一氣，故一歲有二十四節

氣，每月二氣，在月首者為節氣，在月中者為中氣。」故一年有七十二個候應，每月有六個候應，由此可見，古人的觀察力及智慧，可說是無與倫比。

二十四節氣在說什麼

二十四節氣中每一個節氣，皆是反映季節的更替、氣候變化、物候特點及農作物生長情形，因此均具有其個別的意義：

立春

立是開始的意思，春是蠢動，表示萬物開始有生氣。

雨水

春到人間，降雨開始增多，春雨綿綿。

驚蟄

蟲類多眠或隱藏起來，伏著不動，叫做蟄；當春雷響起，驚醒蟄伏地下多眠的蟲類，將開始出土活動。

春分

春季過了一半，此時陽光直射赤道上，這一天太陽從正東方升起落於正西方，地球上南北半球受光相等，晝夜長短相等，古代曾稱春分與秋分為晝夜分。

清明

天氣逐漸和暖，春暖花開，草木開始萌發茂盛，大地一片氣清景明。

穀雨

雨生百穀，農夫剛完成春耕，田裡的秧苗正需大量的雨水滋潤，適時且足夠的雨水才能使穀物成長茁壯。但此時的氣候，卻是晴時多雲偶陣雨，時冷時熱，最讓人不易捉摸。

立夏

夏季開始，此時已出現溫暖的氣候，萬物迅速生長。

小滿

滿指穀物籽粒飽滿，稻穀和麥類等夏熟農作物行將結實，等待成熟，但尚未達到飽滿的程度。

芒種

有芒作物開始成熟，結實成穗，此時也是秋季作物播種的適當時節。

夏至

炎熱的夏天真正到來，陽光直射北回歸線上，北半球受光最多，是白天最長黑夜最短的一天，中午時太陽的仰角是一年裡最高的，因此日影是一年中最短的，過了夏至日，白天漸漸變短，夜晚慢慢加長。

小暑

暑是炎熱之意，天氣開始逐漸炎熱，但是還沒有熱到極點，雖然夏至時北半球受陽光照射時間最長，由於太陽射來的熱力必須先對地面和大氣加溫，才能把熱儲存於大

氣中，所以天氣從夏至開始慢慢加熱，經過小暑後，熱度才會逐漸升高到極點。

大暑

氣候酷熱到達高峰。

立秋

氣溫將由熱轉涼，涼爽舒適的秋天就要來臨。

處暑

處是止的意思，表示夏天的暑氣到此終止，但有時晴天的下午，炎熱不亞於暑夏，可視爲夏的迴光返照。

白露

天氣已經轉涼，夜晚時空氣中所含的水氣接觸到地面因輻射而迅速冷卻，部分凝結爲水滴，附於地面的花草樹葉上，這些透明晶瑩的水珠就稱爲白露。

秋分

秋季過了一半，同春分一樣，陽光直射赤道上，地球上南北半球受光相等，晝夜長短相等。

寒露

已屆深秋，天氣轉冷，早晚所接觸到的霧氣和露水，感覺寒意沁心，而草木行將枯萎。

霜降

天氣漸寒，當地面的物體溫度降至攝氏零度或以下，接觸的水氣直接結霜附於其上。

立冬

冬季開始，冬是終了，作物已收割貯藏，農事完成。

小雪

氣候寒冷，不過降雪量不多且不大。

大雪

天氣更寒冷，大雪紛飛，地面積雪。

冬至

嚴冬來臨，陽光直射南回歸線上，北半球受光最少，是白天最短黑夜最長的一天，中午時太陽的仰角是一年裡最低的，日影是一年中最長的。

小寒

雖進入嚴冬但尚未到達最冷的時候。

大寒

是一年中最冷的日子。

中國古代訂定的二十四節氣，反映出黃河及長江流域地區之氣候變化，而中國幅員廣闊，南北相距約三千公里，南北氣候差異甚大，而且各地農作物種類、生態環境及進行農事的時間也不盡相同，況且中國位於北半球，而南半球的氣候則完全相反，所以二十四個節氣字面的涵義

並不是全球各地皆適用。由於中國每個地方整年氣候變化幾乎是固定的，各地農民依長期經驗的累積，知道到了什麼節氣，該地就會出現何種氣候，因此沿用節氣名稱，可以不局限於節氣字面上的意義。

了解二十四節氣的緣由之後，我發現我們的地球是有生命的，因為太陽運轉在黃道帶上日照近日點的位置，而地球本身每日的自轉，每年的公轉，運動不歇，而且每隔十五天左右，準時的吐氣納氣，從古老的傳統節氣測量方法可以證明，這些原理所呈現出來的氣候變化，在在都證明了，地球是有生命的，不僅如此，我們人類和地球是一體的。

讓我們來看看人與地球的相對應：地球繞行太陽一周共 365 天，而人體的穴位有 365 處；地球一年有 24 個節氣，人體的脊髓共有 24 節；地球一年有 12 個月份，人體身上有 12 條經脈；地球本身有 70% 的水，人體本身也有 70% 的水，地球 70% 的總水量中有 5% 的淡水，95% 是鹹水，人體本身的血液、尿液，也是佔 95% 鹹水，只有口中的唾液是淡水。人體的血管靜脈動脈如同地球的江河大川，由此可見，人類和地球完全是一體無法切割，因

此當我們在破壞地球的同時，其實也是正在毀滅自己，沒什麼兩樣！

既然如此，如果我們能夠了解自己所在的地理環境，並了解二十四節氣的運作規則，配合運行，用以調整自己的身體及生活作息，順應天體運行之道，那麼人類是不是會生活得更自然？更好些？對於地球亦是如此。在我的心靈課程單元中，特別設計了「祈福納財班」，每年於立春之前只開課一次，用來教導學員如何利用地球每年的二十四節氣，設定自己每年生活目標，達到心想事成的可能。

「祈福納財班」並非教學員如何求財祈福，絕非外求，而是教導學員了解地球磁場運行原理，二十四節氣由來，如何運用每年立春之節氣，清理自己的內心，並運用立春節氣所產生的波動頻率，來設定自己的身體及事業財富，使自己一整年波動頻率與立春節氣契合，達到心想事成的可能！

既然我們可以觀天象，可以跟天氣來做溝通，那代表人類也可以呼風喚雨！我曾經跟一些原住民相處過一段時間，深入了解台灣原住民的九族文化，我發現有些原住民本身就有這個能力，他們可以呼風喚雨，譬如：

想要有風時可吹口哨

口哨吹完後，沒有多久風真的就來了，而且屢試不爽！也就是說，如果在戶外，很悶熱，沒有風，你可以吹一吹口哨，等一下風就徐徐吹來，增加涼意，而且口哨吹得越久，風就吹得越久。

有一次我在馬來西亞檳城上課，是在一個高爾夫球場的度假村上課，馬來西亞位於赤道附近，全年都是夏天，那天中午我在戶外等候車子過來接我時，天氣實在很熱，四下無風，於是我就吹口哨，不到一分鐘，陣陣涼風就徐徐吹來，有些人不會吹口哨，吹不出聲音，沒關係，只要對著嘴吹出氣，不一定要有口哨聲，一樣有效。各位也不妨試試，先說明，在室內空間可不行，必須在戶外才可以。

和雨神打商量

　　至於如何呼求雨或是放晴呢？各位不妨做這樣的實驗，如果天氣一直陰雨不斷，可是等一下你必須出門，而你又不希望出門的時候會下雨，你不妨先跟天氣溝通一下，你可以要求它停雨一段時間，只要你誠心的要求，其實雨會依照你的要求時間停止下來的。或是連續晴天，而你希望來場雨，可以先跟天氣溝通一下，一樣有效，各位不妨試試看。

　　有一次我們兒童班到度假村去上課，那天晚上我特別安排了兩位天文學家，以及一位提供天文望遠鏡的廠商，請他們到現場來，同時攜帶了很大的天文望遠鏡，好讓我們兒童班的這些小朋友，可以透過天文望遠鏡，來觀看天上的星星跟月亮。但不巧的是，那一天傍晚的時候開始下雨，而我從台中開車到度假村的過程當中，沿路都是下著

雨，那時候已經是傍晚六點多了，可是我們的天文觀星活動是晚上七點半開始，我想說這場雨如果一直下不停的話，肯定看不到星星了；何況這些專家學者及廠商，還有天文望遠鏡都拿到現場了，如果這場雨繼續下，那我如此費心安排的天文觀星活動不就泡湯了嗎？

於是當時我就邊開車邊跟天氣溝通了，我說：「感恩上天，感恩這些雨水，今天晚上七點半，我們在某某度假村，有一場兒童觀星的活動，感恩你們已經在七點半準時放晴，好讓我們這班的小朋友，能夠盡情的觀賞到天上的星星和月亮，非常的感恩！」於是我繼續開車到了度假村，到達目的地時，已經是晚上 7 點 15 分了，天空依舊在下雨，從遠地來的這些天文專家及廠商都來找我說：「看來今天晚上的觀星活動要取消改期了，雨到現在都還在下，是不可能放晴了。」

「先不用擔心，我們先等到七點半，看情況後再決定是否取消。」我說得氣定神閒。

說也奇怪，真的到了晚上七點半的時候，天氣準時放晴了，而且立刻萬里無雲，整個天空出現了繁星點點，包括一輪明亮皎潔的月亮。尤其雨後的夜空如洗過般，那天

晚上這些小朋友們真的是盡興的透過天文望遠鏡，很清楚的看到月亮表面的隕石坑、看到土星環、看到很多星球的面貌，加上天文專家老師的講解引導，讓孩子們學習到更多的天文知識，那是他們很難忘的一次觀星經驗。

　　而那次，我就是誠心誠意的先跟天氣溝通，我讓它了解我們活動的意義，然後感恩天氣及雨水，並且已經看到在晚上七點半準時放晴，當時真的做到了！

打敗晴空萬里的祈雨舞

　　其實呼風喚雨，除了台灣的原住民有這種能力外，在美洲的印地安人他們也會，印地安人有種祈雨的舞蹈，不管當地有多久沒下雨，天氣再乾燥，往往這些印地安人跳完這些祈雨的舞蹈後，都會很神奇的下起雨來，目前已經有很多科學家，為了做這樣的實驗，甚至不惜邀請這些印地安人表演給他們看。他們故意選擇一個萬里無雲，天氣預報怎麼說都不會下雨的日子，請求這些印地安人當場祈雨跳舞給他們看，這些科學家竟然真的看到了成效，這些印地安人誠心的祈禱跳舞之後，通常半個小時之後雨就下來了，所以許多科學家很不解他們是怎麼做到的？而且屢試不爽！

　　我在課程上會告訴學員：「有關於印地安人祈雨的故事，其原理和我們所說的心靈力量有關。」在此也分享給

大家，雖然我們說是印地安人祈雨，或求雨，其實絕對不是用求的方法及概念，更正確的說法是「感恩」和「成為那個狀態」的概念才是，而不是「要求」！每當連續數月都不下雨時，勢必鬧乾旱，缺水，土地因此而龜裂，許多農作物因此而枯萎，同時也將要鬧飢荒，每當遇到這種狀況時，這些印地安人會開始唱歌跳舞並且祈雨，而他們的歌唱內容及舞蹈的意涵是：

　　讓我們一起來感恩上蒼，

　　用沒有下雨的方式，讓我們體驗了沒有雨水的感覺，

　　讓我們一起來感恩這片大地，

　　用龜裂的方式，讓我們體驗了什麼是乾旱，

　　讓我們一起來感恩這些農作物，

　　用枯萎的方式，讓我們體驗了什麼叫飢餓，

　　讓我們一起感恩這一切的示現，

　　我們的體驗已經充足，並且一起感恩所有的存在。

　　感恩，我們已經看到自己被大雨淋濕的感覺，

　　感恩，我們已經看到自己站在泥濘的土地上，

　　感恩，我們已經看到所有農作物欣欣向榮的感覺，

感恩，天地萬物，所有的存在！

通常做完這所有的感恩祈禱、跳舞之後，天空一定會下雨，整個儀式內容充滿了感恩，並且成爲那個狀態，而絕對不是要求下雨，或是祈請下雨，也就是說，我們自己和所求的目標狀態，不能夠是二元對立的存在，而是一種全像式存在，自己「是什麼」，外在的一切才會「是什麼」！和我們一開始所說的物質溝通的原理是一樣的概念，我們和被溝通的物質體不能是二元對立的存在，我們不能命令物質實體來回答訊息，而是我們成爲物質，所有的訊息內容，都是透過我們內心回應出來才是；這是至關重要的觀念。

因此若要呼風喚雨，絕對不是要求下雨，求出太陽，或是求起風、起霧的，眞正的方法是，自己必須先感恩天氣目前的狀況，感恩自己的體驗，讓自己成爲所要的狀態，並且感恩已經是那個狀態了。

有學員曾經問我：「老師，如果我目前要求下雨，而同時，另外一個人卻是要求晴天，請問哪一個會成功？」

「那麼就比看誰的功力高強了！」當然這是開玩笑的

回答，而眞正的答案是：看所求的目的是「利他的」，還是「利己的」，如果是爲了利益他人，利益眾生而做的，絕對會比爲了自身利益而求的人，來得更有效果。

第八章

與地球及宇宙星系溝通

人類，其實並不孤單

地球是有生命的，既然如此，能否與之溝通？再擴大來看，不僅僅局限於地球本身可以溝通，宇宙各星系，日月星辰，每個星球都是可以溝通的，而唯識深層溝通的技術完全可以做到，並且從溝通地球及宇宙星系中，我們的學員得到了超越人類的觀點及智慧。

為地球掉淚的孩子們

在上兒童班的時候，我會讓小朋友跟一些物質來做溝通對話，小孩子在這方面的溝通能力絕對比大人們來得好，而且孩子溝通的反應非常直接，毫無掩飾。課程中有一個很重要的單元，就是我會讓所有的小朋友融入地球，跟地球來好好做個溝通。我們發現這些小朋友，在還沒有跟地球融入做溝通之前，每個都是活蹦亂跳的，甚至在那

邊嬉鬧玩笑，可是很奇怪，當他們每個都融入地球之後，我發現很多小朋友立即停止嬉鬧，而且都掉淚了！

因爲這些小朋友一旦融入地球後，立刻感受到地球的病痛！就好像一個孩子，看到自己的媽媽生病了，病得很嚴重；他們會哭，會急，會情不自禁的掉下眼淚，那是可以想像的。這些小朋友明明前一刻是活蹦亂跳、歡樂嬉鬧，可是跟地球溝通之後，他們立刻感受到地球的痛，每個孩子都很傷心難過，問了很多有關地球的問題：

「你爲什麼會病得這麼厲害？」

「因爲人類不懂得珍惜我，不斷的踐踏、破壞、製造污染，我已經無法承受了。我曾經發出怒吼，透過地震、颱風、土石流、水災、乾旱來告訴人們：不要再破壞地球了，但是都沒辦法有效的喚醒人類眞正的覺醒。」

「那我們該怎麼做才對呢？」

地球會教導孩子們，該如何做才是眞正的環保、怎麼樣愛惜水資源、如何維護現有的大自然資源……這些孩子跟地球溝通完後，我追蹤發現，他們回去之後比誰都會做環保，不用老師教、不用父母叮嚀，以前師長一教再教，他們都是左耳進右耳出，現在呢，他們眞的非常認眞的看

待地球的問題，甚至老師有些環保的教法是不對的時候，他們還會糾正老師：「地球不是這麼說的，這樣做未必是環保，會造成二次傷害的可能。」

每次我上這種兒童心靈啟發的課程，每期來上課的孩子肯定是不同的人，但是每次融入地球溝通的結果，答案始終是一樣的內容。即使我有一次在南部屏東的一家幼稚園，帶小朋友集體在戶外共同融入地球溝通，所得到的答案還是一樣；也就是說我們的地球，也是可以溝通的。

地球真的病得很厲害，我相信大多數人都應該會覺察到近年來的天災地變的頻率越來越高。在過去，我記得我年輕的時候，好像相隔七、八年，甚至十幾年，才會發生一次重大的地震或者重大的災難，可是近十幾年來，已經是每一年都會發生重大的天災，甚至每個月都會有，每週都有，來自於全球各地，而且發生的頻率越來越高，已經不是每隔好幾年才一次，而是每年數十次了。

這意味著什麼？地球在怒吼！人類的心真的是失衡了，雖然一直在呼籲環保問題，全球暖化的問題，可是好像真正重視的人很少，尤其很多國家為了經濟利益寧可追求經濟而對環保視而不見，但是他們沒有想到，未來所付

出的經濟損失反而遠大於現在所投資的。人類總是非常的短視近利，自己所種下的惡因，未來必定要承受這個惡果，問題是承受的惡果，會無盡延伸到世世代代，所以在此真的呼籲：每一個生活在地球的人類，真的要重視這個問題，多付出一點關心，多付出一點愛對待這個地球吧！

大雪山的悲歌

　　有空時，我常常獨自開車到郊外，這時我都會跟路旁的樹木一一問候，甚至會停到海邊，跟大海對話，也會問候沙灘上的石頭，和山河大地做溝通對話。當然啦，當我們在做物質溝通時，要先確認一下身邊有沒有其他的人，否則這些人一定對你有「不一樣」的看法。每當我這麼做的時候，也會觀察這些花草樹木、石頭、大海、高山，它們給我一些回應；當懂得接收，坦白講，是一種無法言喻的感動！這種感動，很難用言語來形容，可以感覺到自己跟大地萬物是一體的，我們之間並沒有分別。

　　有一次，記得當年在台中縣東勢地區，七月發生大水災，而水災後的土石流，嚴重的破壞村鎮的許多道路跟橋樑，甚至很多房子被沖垮掉，在那次水災過後幾個月，有一個朋友開車帶我到附近的大雪山，當我們沿著山路開車

上去的時候，我看到那些從山上掉下來的落石、被沖垮的橋樑、阻塞的河流，以及沿路很多樹木倒塌，因為土石流，很多山都崩陷了，當時我的朋友邊開車邊跟我聊天，同時我的心卻是跟這些樹木、土石、森林溝通，融入這些山河大地的過程，我很深刻的感受到它們的無奈、悲痛、了無生機的那種感覺，當我感受這種悲涼時，不自覺的居然掉下了眼淚！

當朋友發現到我怎麼在哭？他很疑惑：「我們剛剛聊天的內容，並沒有什麼好感動的啊？」

「落淚不是因我們聊天內容而起，是我感受到這片大地那種沉痛的悲哀，而跟著掉淚。」

朋友看到我這樣子說：「太不可思議了！原來連這些山河大地都是可以溝通的，都可以彼此相互感受的。」

請好好的對待地球吧！真心的向它懺悔，發自內心的感恩地球，承載我們，供養我們的一切，而地球只有一個，我們哪裡都去不了。人類如此的無明，無情的到處在摧毀自己的家園。為此我發起了一項心靈運動，於每年五月的第二個禮拜天，母親節當天，上午十一時整，人類全體一起，來向我們的大地之母地球，做感恩與懺悔。

我寫下一篇「人類對大地之母地球懺悔與感恩」的短文，內容如下：

敬愛的大地之母：

對不起！請原諒我們人類在你身上發動殘酷無情的戰爭；為此我向你深深的一頂禮，懺悔我們人類所做的一切。（下跪頂禮一拜）

對不起！請原諒我們人類在你身上製造各種垃圾與污染；為此我向你深深的一頂禮，懺悔我們人類所做的一切。（下跪頂禮一拜）

對不起！請原諒我們人類在你身上砍伐過數不盡的樹林；為此我向你深深的一頂禮，懺悔我們人類所做的一切。（下跪頂禮一拜）

對不起！請原諒我們人類在你身上污染了清淨的水資源；為此我向你深深的一頂禮，懺悔我們人類所做的一切。（下跪頂禮一拜）

對不起！請原諒我們人類在你身上污染了乾淨的大氣層；為此我向你深深的一頂禮，懺悔我們人類所做的一切。（下跪頂禮一拜）

對不起！請原諒我們人類在你身上製造大量的二氧化碳；為此我向你深深的一頂禮，懺悔我們人類所做的一切。（下跪頂禮一拜）

祈求大地之母，請原諒我們人類的無明所造成對你重大的傷害！

感謝你的示現，我們將反省自己，終止同樣的行為所造成的傷害！

謝謝你，我愛你！莊嚴美麗的地球，偉大的大地之母。（誦念三遍）（下跪頂禮三拜）

我把這些內容同時拍攝一部影片說明，並且在短片中由我親自帶領示範，跪下來並同時誦念對地球的懺悔與感恩短文，透過我們全球各地的學員，同時發起這項運動，並透過各種網路和媒體，分享給全球各地的人們。影片的中文內容已經被翻譯成英文、日文、德文、馬來語、泰文、西班牙語、法文、韓文等數十種語言，流傳到全球各地，並共同於每年五月的第二個禮拜天，母親節當天，上午十一時整，看到訊息內容的人，一起來向我們的大地之母——地球，來做感恩與懺悔。

　　這項活動從 2010 年開始，每年母親節當天上午十一時，無論人在何處，我們都會如此去做，目前已經有近百萬人參與此活動，也希望各位讀者，您若是看到這篇內容，也能帶領你的家人及朋友一起來共襄盛舉！短片內容，讀者朋友可上網搜尋「人類向地球懺悔與感恩」，並請分享出去。

　　每年母親節當天，我們都會好好感恩自己的母親，送母親禮物，請她去吃大餐，然而有誰在此同時，也好好去感恩我們的大地之母地球呢？因此我才會選擇這一天來發起這項運動。

　　在我的演講裡面，花了很多時間不斷訴求這個觀念，讓來聽演講的人，希望他們也能正視這個地球的存在，真心的面對這個地球。而且更重要的是面對自己的心，只要每個人自己的心能夠改變，那麼這個地球就可以改變；否則地球已經超過了所能承受的臨界點，人類再不覺醒蛻變的話，真的會來不及。

猴子挖地瓜，先洗再吃

　　在我的演講裡面，我會講一個量子物理科學裡的「一百隻猴子理論」，想讓大家知道的是，每一個人的改變是很重要的，而不是等待別人改變，我們才來改變，「一百隻猴子的理論」是說：

　　曾經有一群科學家觀察到，在日本一個小島上，有一隻猴子很喜歡挖地瓜吃，一般猴子挖完地瓜後，就直接放進嘴巴裡面來吃，可是從土地裡面挖出來的地瓜，表面有大量的泥沙，吃在嘴裡總是不好受，也不好吃。有次這隻猴子挖了一個地瓜之後，不小心手上的地瓜掉落了，這個地瓜就滾到附近的一條小溪裡面去，那隻猴子當然不死心，就跑到小溪裡面去，把這個地瓜再撿回來吃，可是這次地瓜經過溪水的沖刷之後，上面的泥沙不見了，吃起來沒有泥沙，而且更清涼可口。

　　這隻猴子發現了，原來挖地瓜不要急著吃，先拿到溪裡面或小河裡面去洗一洗，吃起來會更加可口，於是這隻猴子發現這個道理之後，牠非常熱心就一一的去教其他的猴子：「以後挖地瓜不要急著吃，先拿去水裡面洗一洗再來吃會更好吃。」牠就這樣教會了超過一百隻猴子，說也奇怪，科學家們觀察到全世界幾千萬隻的猴子，都不必再教，同步都會了。

　　所以這個現象叫做「一百隻猴子的理論」，為什麼我會講這個理論？希望讓人們知道，不要以為自己的改變，影響不了別人，不會起作用，而根據這個理論換算出來的結果是：一個人的改變可以影響一千個人。也就是說，我們任何一個人改變足以影響一千個人的改變，試想，這個地球有七十三億的人口，如果要讓地球所有七十三億人口，都能夠覺醒蛻變的話，也就是說，必須要有千分之一的人口能夠蛻變覺醒，七十三億的千分之一相當於七百三十萬人口，七百三十萬人口？聽起來還是很多！

　　我們不妨把數字縮小範圍來看，以台灣為例，台灣目前有兩千三百萬人口，如果兩千三百萬人口的千分之一改變了自己，就可以影響這兩千三百萬人，那代表只要兩萬

三千人能夠喚醒，就可以改變全台灣人了，兩萬三千人聽起來就不是很多了。我們看蔡依林的一場演唱會少說就有五六萬人，到總統府抗手的群眾就有數十萬人，每次跨年晚會都有數百萬人參加，而只要兩萬三千人真正心靈能夠覺醒，能夠蛻變的話，那全台灣的兩千三百萬人就有機會被喚醒，就有機會改變了！

　　不要小看自己的力量，我一直訴求這個理論的原理，真的是希望我們每一個人，不要想說我的力量有限、我的改變對地球幫助不了多少、我省下的電又算什麼呢、我所浪費的那一點點水根本微不足道……真的不要小看這個從自己做起的力量，每份力量就是一個改變，而且這個改變會引起量子效應，當這個量子效應量子波傳遞出去之後，全世界的人同步都會改變了，所以你真的是很重要！

我心知星星

　　我們這個小小的地球擠滿了七十三億的人口，還包括其他各式各樣數不盡的物種，存在於這個地球上，但是放大來看，我們的地球在宇宙各星系之間，不過如一粒微塵而已，甚至比一粒微塵都還要小很多，想想看，地球不過是太陽系其中的一顆行星，而整個銀河系裡面有數千億顆恆星。但宇宙不只是一個銀河系而已，像這樣龐大的銀河系，在宇宙間還有數千億個星系存在著。

　　如此說來，我們不過是宇宙間數千億個星系之中的一個銀河系，然後又是這個銀河系裡面數千億顆恆星其中一個太陽系，最後才是太陽系裡面其中之一的行星地球。而你我是這個地球上七十幾億的人口中其中的一個而已；你和我，及人類所有的七情六慾、悲歡離合、歷史文明、科學、人文、文化、藝術，都集中在這顆比一粒微塵都還要

小的地球上，想想看，你我還有什麼放不下的？還有什麼好執著的呢？

　　話說回來，我們可以溝通地球，可以融入地球，那麼宇宙之間的各星球、各星系能否也可以溝通呢？答案依舊是肯定的！在我的課程中，有個課程叫「實相圓滿班」，是連續六天五夜的課程，其中最經典的內容就是「星空下對話」。我會讓約六個學員自己志願上台，擔任接通宇宙訊息的人員，然後由全體學員表決，決定要和哪個星球或是星系來做溝通對話，再由擔任接通宇宙訊息的學員來負責溝通回答，而現場所有的學員都可以發問，每項問題的內容都會得到不可思議的回答！

　　這十幾年來，在「星空下對話」這個課程單元中，溝通過無數個星球，比如：太陽、火星、土星、冥王星、金星、水星、水悅星、水藍星、昴宿星、智慧星、藥王星、寧海星、獵戶星座、天狼星、大角星、光音星、鈦星、北斗星、織女星……數都數不盡的星球，而且這些「星空下對話」的溝通內容非常精采，在此也和大家分享許多不同星球的溝通內容。

太陽

「請問太陽為什麼可以燃燒四十六億年了，卻是永遠不變，還可以燃燒多久？」

「我並不是在燃燒，是人類用燃燒的觀念來認知我的狀態，這其實是不正確的，因為任何形式的燃燒，都需要大量的氧氣及燃料，而再多的氧氣供應我，也永遠不夠用，因此我並沒有在燃燒。」

「如果不是燃燒，那為什麼你會發出大量的光和熱？」

「若是燃燒的熱，那麼你們地球最高的喜馬拉雅山，距離我最近，應該要更熱才對，反而是越冷；而離我更遠的某些盆地地區，應該要更冷，反而是更熱。有關於光亮的問題，你們看南北極的極光是如何產生的？就是我的太陽磁場波動傳到地球時，遇到地球本身南北極所發出的磁力場，交互作用所產生的光影效應，我的太陽光就是類似的原理所形成的。」

「太陽是恆星，定在那裡不動，讓其他的行星圍繞著你而轉動，這是什麼原理形成的？」

「就像是一顆微小的電子，會一直圍繞著原子核轉動

是同樣的原理。雖然說我是個恆星，其實我並非固定不動的，相反的，我運動的速度非常快，因為我是環繞著銀河系而轉動的，而銀河系也不是不動的；整個銀河系圍繞著另外一個更大的星系而轉動，總之一切都在動，沒有絕對不動的星球存在。」

「在太陽內部有存在生命嗎？」

「有的！只是生命形態和你們人類完全不一樣」

「你們的生命體需要食物或能源嗎？」

「需要，我們的能源形式和地球上的能源形式完全不一樣！吸取的方式也完全不同，絕對和人類的認知不同，很難找出適當的詞彙來形容，不過人類有一個詞彙，叫做『原力』，很接近這個意境。」

「你們和地球的因緣像什麼？」

「就像是剛剛提到的，原子核和電子的關係一樣。」

「你們的生命體會來地球投胎轉世嗎？有沒有明顯的特徵？」

「會的，多半是去協助人類蛻變的，他們共同的特徵就是你會覺得他們都很『陽光』。」

火星

「火星之前存在過人類嗎？」

「有的，人類遠古的祖先確實存在過這裡，只是存在的形體有很大的不同罷了。」

「為什麼不同？」

「因為頻率狀態不一樣，當時的人類移民到地球時，因為地球頻率和重力磁場和火星不同，因此逐漸演化成現在人類的樣子。」

「那麼現在的火星，還有存在當時的人嗎？」

「目前正在和你們溝通的人就是了！」

「那為什麼之前美國太空總署發射登陸火星的太空船，並沒有發現任何生命的足跡？」

「因為存在的頻率波動不一樣，所以就算是我們站在你面前，你也一樣看不到我們的存在！」

「你們對於美國太空總署發射到火星登陸的太空船，有何看法？」

「人類很沒有禮貌，這是一種入侵的行為！完全沒有事先和我們溝通過，就直接闖進來了，這就像是有人朝你

的屋子丟進一輛遙控飛機，到處亂飛亂撞的感覺是一樣的。」

「我們能不能代表人類向你們懺悔？」

「這也不用，我們能夠了解這是人類想要探索宇宙太空的好奇心所做的無知行為而已，情有可原！」

「人類對於宇宙萬物真的是了解太少太少了，尤其是對整個宇宙天體所知有限，微乎其微，能否為我們人類簡單重點的解釋這個宇宙到底有多大？」

「好，我用你們人類能夠理解的概念來形容：請想像我們存在的太陽系，就像是這個銀河系大城市裡面的一個小小社區，這個小社區住了九戶人家，其中一戶人家就是地球。銀河系這個大城市到底有多大？它存在像太陽系這樣的小社區，有超過數千億個太陽系小區；像銀河系這個超級大城市，在這宇宙空間裡，居然也超過數千億個以上。所以地球是數千億個銀河系其中的一個，在銀河系裡面，還有數千億個太陽系；其中一個太陽系中的一顆行星便叫做地球。存在於地球上有七十幾億的人口，其中一個人就是你！目前，人類完全還沒有能力去拜訪同一社區裡面的鄰居。」

「有啊，我們人類早就有派人登陸過月球了！」

「對我們火星而言，月球只是你們地球這個家園的後院而已，你們人類不過是走到自己的後院罷了！在太陽系這個小社區裡，我們火星才是地球真正的鄰居，而你們到現在依舊無法來拜訪我們，只能用遙控太空船，飛到我們這裡而已，而我們早就派出好多人去拜訪過你們了。」

「你們火星有派人來過地球？」

「是的，你們所謂的『火星小孩』很多都是！你們人類有一部電影《我的火星小孩》，把我們這些火星孩子演得很傳神！」

昴宿星

「我們有一群靈修團，最近要舉辦千人祈福活動，為地球人類祈福，對於這樣的活動，昴宿星有何看法？」

「重點不在於為誰祈福，而是這幾千人的心是否有光？本身是否是明亮的？如果每個人的心都是暗的，你們不過是集合黑暗在祈禱黑暗罷了！」

「從你們的星球看台灣，請問台灣哪裡最亮，哪裡最暗？」

「台灣北部最暗，尤其台北市，台灣東部還有一些光亮，在花蓮。」

「人類的心靈共有一到八識，請問還有更深的第九、第十，其他的意識體嗎？」

「就人類而言，只有第八意識，但是對於宇宙而言，可以推演到第七十三識。」

「你們的星球有有機生命體存在嗎？有家族群體存在嗎？」

「沒有你們所認為的有機生命體，我們都是光體的形式，所以也沒有家族族群的存在，但我們可以是整體光的存在，又可以成為個體光的存在。」

「你們會派人來地球嗎？」

「會，但不是人類所認為的外星人，或是 ET 模樣，我們的光會輸入人類的胚胎，投身成為人類，長大後和你們人類一模一樣，沒有差別，但是個性和思維模式會和你們不一樣，身上展現的光也會不同，像是你們這班的學員中，就有兩個人來自於我們的星球。」

「是哪兩個人？方便說出來嗎？他們來地球的目的是什麼？」

「我們不能干涉及製造分別，但是他們的心會有所觸動，自己會明白，他們來地球的目的是體驗何謂『愛』，另一項是『找回我們的族人』。」

「聽說地球的中心內部也有人類存在，這是真的嗎？」

「確實有，但是他們的存在形式和你們不同，所處的空間也和你們的不一樣，目前他們正在丟出一些訊息給你們，讓你們了解他們的存在。」

光音星

「請問你們星球的結構是什麼？」學員很好奇。

「不是物質實體的星球，我們的星球是用光波及音波形成的，我們這邊充滿了各種音樂的旋律，及跳躍的光波。」

「佛教所說的光音天，是指你們那裡嗎？」

「可以這麼說，我們確實有很多意念去了地球，用光和音樂的形式來到地球的。」

「那麼地球上來自於你們星球的人，有沒有比較具代表性的人物呢？」

「有，如巴哈、貝多芬、莫札特、貓王、麥可傑克森

等等，大部分都是音樂家。」

「有許多麥田圈的圖形，是你們外星訊息的傳遞方式嗎？如果是，那些圖形代表什麼？」

「確實是，有許多不同的外星訊息要傳遞給人類，每個圖形的意義都不一樣，你們必須融入去了解才能知道。主要是傳達我們對你們的愛與關心之意，但是也有些小規模的圖形較為粗糙，是你們人類自己惡搞的，不代表我們。」

「來地球的許多飛碟 UFO，是你們星球派來的嗎？」

「不是，我們要去地球的話，並不需要任何飛行器，而通常你們所看到的飛碟 UFO，是來自於較低層次的星球，是因為空間維度的不同，所以你們平常看不到他們的存在，會讓你們看到是因為在轉換不同維度空間時，很容易被看到，但時間都很短暫。」

「在地球有些地區像是百慕達三角洲，許多飛機輪船經過時，都莫名消失無蹤了，為何會消失？消失後他們去了哪裡？」

「地球上確實存在許多地區是屬於不同維度空間重疊或是轉換區，而且不僅僅局限於百慕達三角洲而已，未來

會有更多的地區會出現空間重疊或是轉換的現象。因此一些飛機、船隻或人類會突然消失無蹤，至於他們去了哪裡？只能說去了不同維度的空間內，或是卡在時空轉換點上，滯留在那些空間了。」

「地球上的金字塔是你們留下來的嗎？還是和你們有關？」

「並沒有關聯，不是我們光音星留下來的，金字塔大部分是昴宿星，昴宿星及獵戶星座有關聯性，是他們教人類製作的，其主要功能是通訊及導航系統，以及能量傳送有關。」

織女星

「為什麼我們看到你們的星球，都是紫色的光？」

「沒錯！我們星球的光波頻率就是紫色為主。」

「你們那邊的眾生形態像什麼？能否介紹一下你們的環境及人文特色？」

「我們的形體多半是半透明狀態，也可以呈現人類的形體，但都是半透明的，因為是半透明的狀態，所以都是輕飄飄的，所以我們很擅長跳舞，音感很好，能歌善舞，

舞蹈通常是我們表達情感的方式之一，我們的星球有一小部分是固態，大部分是氣態，外圍包覆著紫色的光波。」

「那麼牛郎織女的故事是真的嗎？」

「哈哈！並沒有這回事，是你們人類把我們神化了，但我們織女星的人確實很多情善感，用情很深，為了體驗情愛，我們有很多人去了地球體驗。」

「既然你們有很多人來到地球體驗，通常是地球上什麼樣的人？」

「藝人居多，身材窈窕，多才多藝，能歌善舞是最基本的條件，舞蹈或音樂是他們的生命，但是在情感上因為太專情，所以常常被地球人類玩弄他們的感情，沒辦法，這就是他們去地球要體驗的目的！」

「既然你們有很多人來到地球，代表你們和地球的因緣很深吧？」

「是的，我們有較深的因緣存在，事實上人類歷史上許多悽美的愛情故事，多半都和我們去的人有關。除了地球，我們也會去別的星球，有許多不同的體驗目的。」

「我們這一班的學員有來自於你們星球的嗎？可以指出來嗎？」

「有的，不需要指出來，她們已經在哭泣了。」

現場真的有三位女學員正在掉淚。

藥王星

「為什麼你們星球名字叫藥王星？和佛經所說的藥師佛的東方琉璃世界是同一個地方嗎？」

「我們星球的名稱是你們人類賦予的，但不是你們佛經所說的藥師佛的東方琉璃世界，並不是同一個地方，不過我們的星球特色，確實是以提供疾病療癒有關的技術為主，所以你們才叫我們為藥王星，有關於疾病療癒方面的問題都可以問我們。」

「我們可以去參觀你們的星球嗎？如何才能到達？」

「可以的，隨時都可以來參觀，只要你們的心敞開，一念之間就可以來了，目前可以請你們老師引導，會更加容易。」

「那好吧！就由我來引導各位學員一起前往藥王星，過程中無論看到什麼、聽到什麼，或有任何感覺都可以表達出來，不要懷疑，若有任何的不舒服也要表達出來。」

我義不容辭的當起領航者。

「我看到七彩繽紛的光，還有一片草原和森林。」

「我也看到了一樣的情景，我還看到了水，還有一座很大的瀑布。」

「有的，有的，我都看到了，非常美，而且我還聞到花草的芳香，有些味道很像中藥味。」

「我還看到有些半透明的人，好像在採草藥，比我們還要矮小。」

「我看到一個很大的空間，好像是個大型的實驗室，裡面有各式各樣的花草，有些人在做研究。」

「我看到一個很老的人，穿著白色長袍，白色的長髮，長長的白鬍鬚和白色的眉毛，很像電影中的甘道夫。」

「很好，那位老者就是藥王星的長老，你們有什麼問題都可以問他。」我鼓勵大家發問。

「你們所研究的藥物都是提供給人類用的嗎？」

「不盡然，有些是別的星球需要的，有些星球和地球頻率相類似，也會有很多不同的疾病現象，我們的星球專門提供這些療癒的訊息給他們。」

「愛滋病可以治療嗎？為什麼會有愛滋病產生？」

「可以療癒，人類已經有方法可以治療，愛滋病的心靈成因來自於罪惡感和無法面對。」

「最近在非洲的傳染病，伊波拉病毒呢？搞得人心惶惶的。」

「來自於殺生太多，尤其他們都生食動物的肉，必須改變想法和行為。」

「目前人類的藥物都有副作用，什麼樣的藥才能沒有副作用？」

「所有的藥物都是毒，以毒攻毒一直是人類慣用的治療方式之一，唯一沒有任何副作用的就是『心藥』！」

「未來人類最終的藥物會是什麼？」

「水。水可以療癒一切的疾病，而且完全沒有副作用，但是很遺憾，目前地球的水有很多已經變得有毒了，要不然，水是藥王之王啊！」

「地球上的藥物都是你們提供的嗎？」

「並不是，絕大多數都是你們人類所製造出來的，而且人類製造藥物的目的，大部分是為了龐大的利益而做，因此藥物越多，疾病現象就越多。我們的研究主要是以心藥為主，佐以天然的植物或是改變習慣即可。」

「所有的疾病都是源於自己的心，這樣的說法對嗎？」

「完全正確！病由心起，將心治好就對了。」

永遠不要以人類的想法
來思考外星訊息

　　我上這樣的課程已經超過十五年了，每個月都會溝通到不同的星球，而且都是由現場學員所指定的星球，同時也都是由學員自己代表接受這些星球訊息，並且由學員自己表達，我只是引導溝通對話而已。在此，我必須特別說明：我相信這些外星訊息，對一般人而言，可以說難以置信，甚至會顛覆傳統的觀念，及超出人們的想像！我只能說：「永遠不要以人類的思維模式來思考外星訊息，來度量我們的宇宙。如果讀者能夠摒棄固執的想法，來看我所寫的這些內容，我相信你會有所領悟。如果你無法接受這些內容，那麼就把它丟到垃圾桶裡面去，永遠不要再去想它，避免影響你的生活作息。」

　　對我而言，溝通不同的星球，司空見慣了，但是教學相長，我從這些外星訊息中，也確實得到非常多的智慧，

同時開啓了我的宇宙視野，更宏觀的去看待整個宇宙。我們常常教育我們的下一代，要培養國際觀，地球村，世界觀的觀念，其實我覺得還不夠，我們應該要培養宇宙觀，星際觀才對。做了這麼多的星球溝通，個人有很深的領悟，首先我必須說，人類其實並不孤單，因爲從這麼多的外星訊息中，非常明顯感覺到，這些外星伙伴們對於人類的關注，尤其對於人類的愛，是無法用人類的語言或是文字可以形容的。

宇宙間不變的法則：不入侵

　　宇宙間一直存在著一個不變的法則，那就是：任何一個星球，都不能去介入，或干涉任何一個星球的進化或改變，因為每個星球都必須被尊重，每個星球都有它成長所需的體驗及過程。人類電影常常演出外星人入侵地球的內容，那純粹只是人類自己的認知，並非事實。若是外星人真要攻打地球，那麼早就打過來了，不必等到現在，尤其越高頻率的星球，等級越高，越不可能去做入侵地球的事。

　　我要反問人類，人類在地球上算是高等的物種存在，請問我們會真的，很無聊的，拿飛彈、核子彈，去攻打一個螞蟻窩嗎？或是入侵一個蜜蜂窩嗎？同樣的，這些外星人看待我們的方式，就如同我們人類看待一個螞蟻窩的心態是一樣的道理。所以不要再把外星人想像是邪惡的大壞

蛋，隨時會來攻打地球似的；他們其實也是一種存在，只是存在的形式和我們不一樣而已。況且宇宙如此的浩翰無垠，不可能只有我們人類存在於這個地球而已，若是真的只有我們存在，那麼也未免太浪費空間了。

在和許多的星球溝通當中，我也會提問一些問題，透過這麼多星球的回應，我發現同樣的問題，不同星球所回答的內容幾乎是一樣的。同樣是藥王星的溝通，每期學員都是不同人，溝通時間、場地都不同，甚至在不同的國家溝通，但每次總是會見到那位白髮老翁，留著長長的白鬍鬚、白眉毛，很像電影中的甘道夫，這個藥王星的長老，只有在接收藥王星訊息時才會出現，但是在別的星球就不會出現。還有織女星的溝通也是一樣，每次都是會看到紫色的光，別的星球就沒有。而光音星溝通時，每次都是聽到音樂的旋律，溝通別的星球也沒有。因為如此，我幾乎都很熟悉每個星球具有的特色了。

有一次我問了「智慧星」一個很深的問題：

「現在，此時此刻，是我們在和你們的星球溝通對話，但某個程度而言，能不能說，此刻的我們，正在和未來的我們溝通對話呢？」

「你不愧是心靈老師！你完全說對了，就我們現在的智慧星，其實就是你們的未來，而你們現在的地球，其實就是我們遙遠的過去！」

「謝謝你的回答！我完全明白了，你們現在的感覺就像是，看著自己的過去，看著自己跌跌撞撞的成長，很艱苦的走過一世又一世，而你們又很清楚的知道，我們總是會走過的，所以你們不能干涉，不能介入，不能幫忙，你們只能看著我們走，耐心等待著我們蛻變成長，你們唯一能夠做的，就只是看著我們，就只是等待。所以其實你們就是我們，根本沒有分別，對嗎？所以此刻的我們在和宇宙星球溝通，其實就是在和未來的自己溝通，就在這個當下，所有時間的過去、現在、未來，都是並存的，所以你我根本沒有差別，是嗎？」

這時，所有接收智慧星訊息的六個學員，每個都哭了，他們替智慧星表達出來：

「你完全通透了，歡迎回家！請把這份智慧分享給人類吧，因為都是『我』啊！」

　　當時現場有八十幾個學員，人人都掉下了眼淚，而我也是。那次星空下對話，接收智慧星訊息的溝通內容，讓我印象深刻，同時也觸動在場所有的人，後來我們每次接收不同的星球訊息，我再提出同樣的問題時，每個星球的回答都是一致的；由此可見，我們和外星人都是一體，沒有分別的啊！

第九章

你們的過去，我們的未來

萬物，都是每一個「我」

不曉得各位讀者朋友，當看完這麼多的物質溝通內容後，會不會有一種體悟，那就是我們和這宇宙萬物，都是同體的感受，完全沒有差別，讓我們徹底了解何謂「同體大悲！」何謂「眾生平等！」若能領悟至此，我們人類還會孤單嗎？因為每個都是「我」，只是每一個我，為了體驗所有，選擇不同方式存在而已。我們將謙卑的去面對每一個我的存在，尊重每一個我的生命選擇，因為都是「我」啊！

就在寫本書結論的同時，剛好有一部電影叫做《星際效應》上映，雖然這是一部科幻電影，但我必須說，這部電影所演出的概念，有著非常深奧的哲理及明確的科學理論在其中。電影後來的重點，完全在表達我們所認知的「祂」或是「上帝」甚至是「外星人」其實都是「我」！而

這個「我」同時存在於所有的空間、時間、能量、物質內，不管我們要和誰做溝通，其實都是在和這個「我」做溝通。

　　整部電影簡直是把我這十五年來在課堂上所講的一切理論，運用電影的手法完全表達出來了，而且就像是我帶領學員在星空下對話課程單元中，和外星訊息溝通的那段內容所說的：

　　「你們現在的感覺，就像是看著自己的過去，看著自己跌跌撞撞的成長，很艱苦的走過一世又一世。而你們又很清楚的知道，我們總是會走過的，所以你們不能干涉，不能介入，不能幫忙，你們只能看著我們走，耐心等待著我們蛻變成長，你們唯一能夠做的，就只是看著我們，就只是等待！所以其實你們就是我們，根本沒有分別對嗎？所以此刻的我們，在和宇宙星球溝通，其實就是在和未來的自己溝通，就在這個當下，所有時間的過去，現在，未來，都是並存的，所以你、我之間根本沒有差別！」

　　因此，我個人非常推薦大家去看看這部電影，也許各位從中還會有更不一樣的領悟。總之，深層溝通這項技術能夠讓人類和萬物溝通的理論，完全就是基於此一論點而推演出來的，而這最基本的論點就是：「我即一切，一切

即我。」

當然，能夠彰顯出這些艱深難懂的論述，所依靠的就是我所研發出來的心靈溝通技術——唯識深層溝通！就是深層溝通，讓所有來學過的學員，都能了解到萬物存在的原理，並且使之相互溝通對話，因此我自己把「唯識深層溝通」形容成一顆智慧的寶石一樣，也特別著墨一篇短文，來鼓勵我們的全體溝通師和學員，在此也同時分享給各位讀者們。

智慧的寶石

我從宇宙來，來到這個地球上，給人類帶來一顆智慧的寶石「唯識深層溝通」，這是一顆無價的寶石，晶瑩剔透，光亮無比，這顆寶石可以開啓人類心靈的光，讓人類蛻變覺醒，可以喚醒人類無上的智慧，可以化解每個人宿世的恩怨，可以療癒人類所有的疾病，可以帶來豐盛的心靈財富，可以讓有形無形眾生都得到解脫！

這顆無價的智慧之寶「唯識深層溝通」，出現在人間已經屆滿十五年了。這十五年來，確實為千千萬萬的人類示現出上述所有的功能！有超過百萬的人，直接或間接的

受到了這顆寶石光的澤惠，生命因此得到了轉化和揚升，心靈智慧之光因而被開啟，無數的靈魂也因此而得到了解脫！可以這麼說：無明之人因它而開悟覺醒，執著之人因它而解脫放下，從這十五年來無數個實際案例，已經證實了這顆寶石的威力！

也因為這顆智慧寶石的價值無限，威力無窮，功能無量，因此感召了非常多的人，都急於想要擁有這顆智慧的寶石，但是這顆寶石特有的頻率是一般人無法擁有的，若想要擁有，必須要有「利他無我」的心，「無欲無求」的心，「清淨無瑕」的心；同時又要具足如是觀、慈悲觀、智慧觀、全像觀四種觀點，才能和這顆智慧的寶石達到同樣的頻率，如此才能運用這顆智慧的寶石，啟動所有的功能，為人類帶來無上的利益！

相反的，有邪惡意圖的人，看不到這顆寶石的存在，想利用它來追求名利的人，都將身敗名裂，有欲求的人得不到它，自私自利的人用不得它，心不清淨的人無法開啟它的功能，想要利益自己的人，無法和寶石同頻，因此這樣的人，無論如何的強取豪奪，不擇手段，都將無法獲得這顆無價之寶。

　　這十五年來，我看到太多這樣的人，想要利用這顆無價的智慧之寶「唯識深層溝通」來圖利自己，往往都無功而返，甚至有人因為得不到，於是自己仿冒寶石的樣子，製造出許多山寨版的寶石出來招搖撞騙，不僅誤導別人也害了自己。這些山寨版的寶石是沒有光的，缺乏愛和智慧的靈性特質，山寨版寶石內部是陰暗的，充滿各種利益的誘惑而已，因此吸引不了人，只是帶給自己更多的恐懼而已！

　　已經有非常多的人獲得這顆無價的智慧寶石，他們曾經勇敢的面對自己，清除心靈的罣礙，淨化自己的心，透過寶石的光喚醒了自我，並使自己蛻變覺醒，同時也運用寶石所有的功能，淬鍊了自己，讓自己和寶石同頻，因此擁有了這顆無價的智慧寶石。這些人就是我們專業的深層溝通師、輔導師、光能溝通師、心靈講師們！他們身上都帶著這顆智慧寶石的光，在世界各地，正在無我利他的，為所有有形無形的眾生，默默地療癒及服務，他們就是一群光之使者！

　　但是我也必須說：「已經獲得這顆智慧寶石的人，必須要一直把持住和寶石同樣的頻率，同樣的光，和寶石全

像存在，才能運用自如，利益了他人，也等同於利益了自己，但是這樣的人一旦升起了名利心、計較心、對立心、貪婪之心、貢高我慢的心，自己將會和原有的寶石形成二元對立，而這顆智慧寶石將會從身上立刻消失無蹤！」我只能說：明白這個道理和了解這顆智慧寶石「唯識深層溝通」精髓的人，自然可以永續的持有它，而不明瞭的人，則隨時會失去它。

　　我在人世間的壽命有限，我盡其所能的，希望把這顆智慧的寶石「唯識深層溝通」帶給更多的人，讓更多的人類受惠，願每個人都能擁有這顆無價的智慧之寶，只可惜人們卻不懂這些道理，因而無法獲得，也因為不了解我的用心，得不到的人，因此會有人攻擊我，毀謗我，誤解我，我都全然了解，並且不會有任何的回應，和這些人形成二元對立！因為我完全了解這些人，也都是我的另一種形式的存在，其目的都是在彰顯這顆智慧的寶石光芒，為此，我還得深深感謝這些所有的「我」，都在努力的透過黑暗來彰顯這個「我」的光芒而存在！

　　對於擁有了這顆無價的寶石「唯識深層溝通」專業的深層溝通師、輔導師、光能溝通師、心靈講師們，我也必

須告訴你們一個事實：過去的你們，有些人曾經窮困過、辛苦過、病痛過，當這顆寶石改變了自己的生命，許多人因此而感動，甚至發願護持這顆寶石，並且身體力行的去發揚寶石的光芒，讓更多的人得以受惠，莫忘初衷、莫忘初衷！雖然這十五年來，還是有人背叛了自己的初衷，背離了寶石的精神，遺忘了自己生命的體驗和價值，被世間的名和利所誘惑，選擇自己所需要的體驗，但是永遠別忘了，自己曾經擁有過這顆寶石的喜悅感和清明感，只要再度喚醒自己內在的光，願意勇敢的面對自己所造的一切業，那麼寶石的光會再度和你相應。

內觀自己、觀世音

　　猶如《妙法蓮華經》第四品《信解品》內的「窮子喻」，及第八品《五百弟子授記品》內的「繫珠喻」經文所寫的內容一樣：那顆價值連城的寶石，早就已經縫在你身上衣服內了，所以祈請不要再往外找，往外求了，內觀自己吧，往內找，遲早有一天自己可以找到寶石的，因為它一直都在！是你自己捨棄了它，無明的看不到它的存在，而它從來沒有遠離你啊！

　　既然這顆智慧的寶石「唯識深層溝通」是要留給全人類的，那麼它就不該只屬於任何人的特定財產，更不專屬於特定的團體，或是任何的國家和政府，它是屬於人類全體的，只要任何人或團體及國家政府懂得運用它去為人類服務，無私的奉獻，那麼都值得鼓勵，值得讚嘆！」

　　這本書的出版時間，剛好就是我教授唯識深層溝通屆

滿十五周年的時間點，這十五年來我在許多國家，不斷的教，不停的講，也已經有過數萬個學員，分別在不同時間地點來學習過唯識深層溝通，也為超過六百個以上的學員，授證他們成為一位專業的深層溝通師，而這些專業的深層溝通師，此時此刻正默默的在全球各地，運用唯識深層溝通的技術，在為更多的人做深層溝通的服務，每當我想到這些溝通師努力不懈的精神，都會讓我感動讚嘆！

觀世音菩薩，絕對不是端坐在神案上供你膜拜的那一位神明

　　我記得，一行禪師在他的書中，曾經寫到一句話：「諦聽眾生之苦的偉大存在，也就是大慈大悲的觀世音菩薩，一定是一個真實存在的人，不僅僅是個概念而已。」這句話講得真好，所謂的觀世音菩薩，絕對不是端坐在神案上，供你膜拜的那一位神明，也不是飛天遁地、神通廣大、法力無邊、通靈、神通之尊。或者是，可以幫你改運消災的神，絕對不是這樣的一尊神。觀世音菩薩真的是一個真實的人，絕對不是一個概念而已！

　　而我們的每一位專業溝通師，是一群真實存在的人，

我從這些溝通師身上看到觀世音菩薩的存在，因爲這些溝通師會跟我一樣，去傾聽眾生的聲音，傾聽所有人世間的疾苦，而且全心全意的讓對方得到某一種解脫，這樣的人不就是「觀世音」了嗎？

　恭喜這些已經成就自己的專業溝通師們，你們是全宇宙最有價值的人。人的價值在於什麼？在於他能夠開啓眾生內心的光，心靈之光一旦被開啓，整個宇宙都會爲之震撼！溝通師所作所爲，整個宇宙都在看，能夠做到這個層次的人，自己也會圓滿自己的智慧。

　溝通師從個案的生命故事中吸取養分，同時得到智慧和領悟；溝通師是個案的鏡子，同時個案也是溝通師的鏡子，這是互爲表裡的。溝通師幫助別人溝通時，看到個案的因果，當對方勇敢的掙脫出來，從中得到智慧時，溝通師也會得到一樣的智慧。所以，深層溝通眞的是「福慧雙修」，而且還「解行並進」，內容是有理論、有實際可行的步驟、有科學的技術，而且是可以被實踐的。

　溝通師也會有自己的心靈種子，這是無可厚非，而且非常正常的，即便是我作爲「唯識深層溝通」研究者，我也是有我的心靈種子。一位溝通師，如果在今生今世好好

透過深層溝通的技術，不斷的喚醒眾生同時，自己也被喚醒。不斷的幫助個案解脫，自己也得到解脫，這位溝通師必定可以是一個覺悟者。這就是一專業溝通師的精神寫照，也希望能有更多的人加入，成為真實存在的觀世音菩薩。

後記

追思摯友江本勝博士

用愛用感謝，
這個世界就會變得更美好

就在寫這本書的時候，江本勝先生，於 2014 年 10 月 17 日，凌晨零時五十分與世長辭了，我特地趕到日本東京參加他的告別式，並在告別式上為他致悼詞，悼念他的往生：

全世界的水都站起來為他致敬！

悼念江本勝水博士，於 2014 年 10 月 17 曰凌晨零時五十分，往生辭世於日本東京。

他，發現了——

水是有覺知，有情緒，有記憶，有感情的；他發現了，人類的語言、心念、想法，可以改變水的結晶；他自許是一位水的傳道士，一步一腳印的走向全世界，弘揚了水的精神。

　　他，畢其一生，讓全人類知道用愛與感恩，可以改變全世界，喚醒人類全體的心靈；他是我在這個星球上的摯友──江本勝博士，而今他離開了我們……

　　我和江本勝博士的因緣非常之深，從前世到今生，我們曾經來自於一個都是水的星球，到了地球，我們共同成就了許多事，共同的心願都是為了喚醒人類心靈而努力！他用水的結晶來喚醒人類的心靈，他告訴人類：「只要用愛及感恩的心念，就可以改變水的結晶，並且可以改變全世界。」他終其一生，行遍地球上每一個角落，透過水結晶的證明，只為了告訴全人類一個簡單的道理：用愛和感謝，這個世界就會變得更美好！

江本勝博士留給大家的水結晶

璀璨的「愛與感謝」。

明顯突出結晶的「愛自己」。

兩相依偎的「夫妻之愛」。

多重包容的「家族之愛」。

戀愛

相思

慈愛。

謹將這本書獻給我的摯友江本勝博士，感謝他偉大的發現，藉此來喚醒人類的心靈，為世界帶來光和愛！

LOCUS

LOCUS

LOCUS

LOCUS